Un genre à soi

Collection « Face B »
Suivi éditorial Benjamin Fogel et Erwan Desbois
Correction d'épreuves Hervé Delouche
Design couverture Lucien de Baixo
Conception graphique intérieure Camille Mansour
Mise en pages Lou Hillereau

ISBN 979-10-96098-86-6
Diffusion / Distribution Cedif / Pollen

35, rue Kléber, 92300 Levallois-Perret
www.playlistsociety.fr

Ce livre est édité en collaboration avec l'Association des Cinémas de Recherche d'Île-de-France. L'Acrif réunit 68 salles de cinémas franciliennes autour de deux dynamiques: les films et les salles. L'association coordonne le dispositif scolaire Lycéens et apprentis au cinéma en périphérie parisienne. L'Acrif est soutenue par le CNC (Centre National du Cinéma et de L'image animée), le Conseil Régional d'Île-de-France et la Drac Île-de-France. Remerciement à Pauline Gervaise pour son aide précieuse.

Introduction
par Judith Beauvallet

En genre et en nombre

Partout autour de nous, les chairs mutantes, les fourrures hirsutes et les canines tranchantes étendent leur pouvoir. Le bestiaire du cinéma tricolore ne cesse de s'agrandir, plus vite que jamais depuis que *Titane* de Julia Ducournau a décroché la Palme d'or en 2021, symbole ultime de la reconnaissance critique envers un genre populaire trop souvent regardé comme un divertissement vulgaire et facile – ce qui serait, paraît-il, une faute. Les monstres auxquels le festival de Cannes a ouvert la porte à cette occasion déchirent enfin la toile bleu, blanc, rouge qui leur a si longtemps été confisquée. Autrefois frileuse à l'idée de raconter ses propres histoires d'horreur – on se souvient de l'injonction à « soutenir le cinéma de genre français » dès qu'un rare spécimen pointait le bout de sa truffe en salles –, quand elle accueillait volontiers celles venues d'ailleurs, des spectres japonais aux *boogeymen* californiens, la France donne enfin naissance à ses propres créatures de cinéma. Les cannibales de Julia Ducournau, le loup-garou de Ludovic et Zoran Boukherma, les araignées de Sébastien Vaniček, l'aberration meurtrie de Coralie Fargeat, les sauterelles de Just Philippot… Depuis quelques années, des voix s'élèvent pour encourager ce progrès au sein d'une industrie trop longtemps restée aveugle aux dimensions politiques, sociétales et bien souvent philosophiques des films de genre. Différentes institutions, et notamment le CNC, ont entrepris de créer des commissions et appels à projets spécifiques pour favoriser leur émergence, afin qu'une surprise comme *Grave*, le premier long-métrage de Julia Ducournau dont l'impact avait pris tout le monde de court en 2016, ne reste pas un phénomène isolé. Mais comment le pays de Georges Franju, René Clair, Marcel Carné, René Clément et bien d'autres, en est arrivé à plaider coupable d'avoir si longtemps méprisé le fantastique et ce qui s'en rapproche ? Car le cinéma francophone n'a, pendant longtemps, rien eu à envier à Hollywood en matière d'histoires de fantômes.

DE FANTÔMAS À FANTÔMAS

Le cinéma de genre est né avec le cinéma tout court, puisque les procédés cinématographiques de fabrication de l'image étaient, à l'époque des frères Lumière, particulièrement propices aux tours de magie. Les fées et les fantômes ont peuplé dès le départ les films d'Alice Guy et de Georges Méliès, mais le genre, entendu ici comme un étirement des trames classiques du côté du fantastique, du merveilleux, de l'horreur, de la science-fiction ou du thriller, s'est rapidement constitué une identité, un statut, pour devenir finalement un objet à part. À l'heure où l'expressionnisme allemand battait son plein de l'autre côté du Rhin, le théâtre du Grand Guignol faisait trembler Paris. Et à l'écran, Louis Feuillade peignait les silhouettes sombres et sveltes de son Fantômas et de ses vampires, et Jean Epstein adaptait Edgar Poe avec brio. Plus tard, ce sont des chefs-d'œuvre comme *Les Visiteurs du soir* (Marcel Carné, 1942), *La Beauté du diable* (René Clair, 1950) ou encore *Les Yeux sans visage* (Georges Franju, 1960) qui ont porté le flambeau du fantastique tricolore.

À quel moment, alors, la France a-t-elle décidé de brûler ses sorciers du septième art, de renier l'épouvante et le mystère, pour réduire le cinéma de genre produit sur son territoire et les territoires voisins à une poignée de cas exceptionnels, destinés à un public de niche ? À la même époque, c'est aussi le triomphe de la comédie, devenue toute-puissante au box-office. Jusqu'à très récemment, la comédie, trop souvent considérée comme antagoniste du genre et ne souffrant, dans sa forme grand public, aucun fantastique, a maintenu un quasi-monopole sur le cinéma francophone, au détriment des créatures d'un cinéma du passé.

Avec l'apparition d'un Fantômas bien loin de celui de Feuillade, dans la trilogie réalisée par André Hunebelle entre 1964 et 1967, l'on pourrait presque voir un point de rupture symbolique : alors que Jean Marais, la Bête de Jean Cocteau, rêvait d'incarner un Fantômas charismatique et presque spectral, Louis de Funès renversa à lui seul le ton des trois films pour les tirer du côté de la franche comédie, au grand dam de l'interprète d'Orphée. Louis de Funès acta, d'une certaine manière, le passage à un nouveau cinéma, celui de l'enchantement par le rire plutôt que par l'étrange. La France a-t-elle alors rendu les armes du genre, et concédé les pleins pouvoirs de ce domaine à d'autres, les États-Unis en tête ?

LE RÊVE AMÉRICAIN

Le cœur du genre ne s'est pas arrêté de battre pour autant, mais ses pulsations se sont raréfiées. À partir des années 1970, Isabelle Adjani est ainsi devenue la nouvelle figure de proue d'une certaine mouvance horrifique – même si ses spécimens les plus affirmés, comme *Le Locataire* (Roman Polanski, 1976), *Nosferatu, fantôme de la nuit* (Werner Herzog, 1979), ou *Possession* (Andrzej Zulawski, 1981), produits ou coproduits en France, sont portés par des réalisateurs étrangers et non francophones. Devenue l'une des plus grandes stars françaises féminines de son époque, Isabelle Adjani a continué de soutenir l'esprit du genre – par la violence baroque de *La Reine Margot* (Patrice Chéreau, 1994), ou la noirceur du thriller avec *Mortelle Randonnée* (Claude Miller, 1983). Mais les monstres, eux, ont disparu presque tout à fait, hormis dans quelques anomalies, comme *Baby Blood* d'Alain Robak (1990), *Trouble Every Day* de Claire Denis (2001) ou *Le Pacte des loups* de Christophe Gans (2001). Malgré son budget et son casting, ce dernier n'inversa pas le mouvement, mais reste au contraire l'exemple le plus parfait d'un cinéma divisé, à la fois francophone et dont le postulat est profondément ancré dans l'Histoire de France, mais dont toute la cinématographie est héritée des films de kung-fu des années 1960 et des films d'action américains des années 1980.

À ce moment-là, les Américains se sont depuis longtemps imposés comme les leaders évidents du genre, séduisant le monde entier, à commencer par les cinéastes français et belges férus d'horreur, qui admirent la liberté de ton et le grand spectacle du cinéma étasunien. Alexandre Aja avec *Haute Tension* (2003), Pascal Laugier avec *Saint-Ange* (2004) et *Martyrs* (2008), ont par exemple réussi à se faire un nom en reproduisant avec talent les canons hollywoodiens. Mais ils se sont vite sentis trop à l'étroit en Europe, où leurs films restaient d'anecdotiques curiosités, et les États-Unis ont tôt fait de les récupérer sous leur aile.

Des contre-exemples à cette fuite des cerveaux se sont maintenus en France, mais uniquement en se satisfaisant de petits moyens et de retours timides. Stars acclamées des festivals spécialisés, Alexandre Bustillo, Julien Maury, Lucile Hadzihalilovic, ainsi que Fabrice Du Welz du côté de la Belgique, parviennent à réaliser des films régulièrement en embrassant totalement les codes de l'horreur ou du thriller, mais restent pourtant majoritairement anonymes auprès des masses. Que veut alors dire soutenir le cinéma de genre francophone ? Le public hexagonal est-il condamné à n'être que l'antichambre de carrières américaines ? Ou doit-il se satisfaire d'un genre peu accessible, quitte à rester sur sa faim ?

LE NERF DE LA GUERRE

Le public ne peut soutenir que ce qui lui est proposé, aussi une bonne partie du problème se situe-t-elle en amont. Jusqu'à il y a peu, les institutions et financeurs étaient frileux à l'idée d'investir dans le genre, car si un projet n'était pas destiné à faire rire, alors il fallait qu'il élève et qu'il éduque. Comédie ou drame social, c'est le choix, à peine caricatural, face auquel se sont longtemps retrouvés confrontés les cinéastes émergents. En partie parce que le genre est facilement considéré, par ceux qui le pratiquent peu, comme une fin en soi et non pas comme un prisme pour porter des histoires tout aussi politiques, drôles et émouvantes que celles de films plus volontiers produits.

Depuis le succès de Julia Ducournau avec *Grave*, à la fois pur film de genre récompensé au Festival du film fantastique de Gerardmer et œuvre présentée au Festival de Cannes puis nommée dans de multiples catégories aux Césars, les lignes ont commencé à bouger. Les commissions et les résidences d'écriture spécialisées dans le genre se sont multipliées, avec pour projet de ne plus passer à côté de telles révélations. L'intention est bonne, mais le chemin est encore long, car l'existence de telles structures prouve également que le genre est encore une discipline à part, à l'instar de l'animation, et peine à être reconnu comme un cinéma qui serait l'égal des drames plus classiques qui font la fierté du septième art francophone.

Par essence difficile à délimiter, le genre pâtit aussi, une fois confronté à de tels comités de lecture, de la subjectivité de sa définition. Parfois trop radical ou au contraire pas assez, il doit se plier à certaines règles, à certaines formes, pour se rendre acceptable. Et les commissions, elles, sont encore sans doute dans l'apprentissage de ce qu'elles recherchent. C'est l'ambition de Parasomnia Productions, structure toute nouvelle portée par le producteur Marc Missonnier, que de faire grandir l'offre en parallèle de ces canaux officiels, à la manière des Américains. Un appel à projets lancé en 2021 avait pour objectif de produire plusieurs longs-métrages de genres variés à hauteur d'un million d'euros chacun, et aujourd'hui, les choses prennent forme, puisque *37: l'ombre et la proie* d'Arthur Môlard, premier rejeton de cette alliance audacieuse avec le distributeur Sony, est sorti en salles en novembre 2024. Peut-être la naissance d'un genre français décomplexé et pérenne ?

L'ÉTENDARD SANGLANT EST LEVÉ

Il y a quelques années encore, les propositions de films de genre restant rares, chacune d'entre elles était traitée comme un OVNI, presque stigmatisée, portant sur ses épaules une énorme responsabilité : celle de réussir à défier les pronostics en trouvant son public, ou d'échouer au box-office et de rendre les producteurs encore plus frileux. Pourtant à peine marketés comme tels, de peur que ce sceau ne porte malheur, des films fantastiques comme *La nuit a dévoré le monde* (Dominique Rocher, 2018), *La Nuée* (Just Philippot, 2020) ou *Teddy* (Ludovic et Zoran Boukherma) ont ainsi subi des échecs commerciaux qui ont semblé punir l'outrecuidance, si ce n'est l'hubris, de ceux qui avaient voulu croire au genre. Lorsque la Palme d'or fut décernée à *Titane*, toute la question était de savoir si le geste d'accorder cette récompense suprême à un tel film français serait le premier pas vers une véritable reconnaissance du genre au sein de nos frontières, ou s'il s'agirait d'une simple anomalie ponctuelle de plus.

À peine cinq ans plus tard, c'est la première hypothèse qui semble se confirmer, tant les projets de genre fleurissent et débordent du placard où on ne saurait plus les enfermer. Si la reconnaissance cannoise pourrait sembler accessoire auprès des amateurs de tripaille qui savent bien que l'identité du genre, voix des marginaux, tient aussi à une inventivité permise par le peu d'enjeux économiques et critiques, elle revêt tout de même une signification fondamentale pour la culture cinématographique française : celle de l'acceptation que le cinéma de genre n'est pas, en soi, une insulte à la figure de l'auteur. Une idée qui avait la peau dure, et qui est désormais mise à mal par des personnalités, telles que Julia Ducournau et Coralie Fargeat, metteuses en scène affirmées au style puissant et au savoir-faire imparable, qui portent haut l'étendard d'un cinéma francophone aussi sanglant que brillant. Dans leurs mains, et dans celles de Thomas Cailley dont *Le Règne animal* a raflé 5 statuettes aux Césars 2024 et a dépassé la barre du million d'entrées en salles.

Un autre symbole a succédé à la Palme titanesque puisqu'en mai 2024, Coralie Fargeat est repartie de la Croisette avec le prix du meilleur scénario pour *The Substance*, sans doute l'un des films d'horreur le plus gore et jusqu'au-boutiste réalisé par une Française. Non seulement le genre progresse, mais il progresse main dans la main avec le statut des femmes dans l'industrie, qui sont de plus en plus nombreuses à réaliser des films d'horreur, se réappropriant ainsi des récits souvent centrés sur des personnages féminins, dont il était temps qu'elles donnent leur propre vision. Est-ce les femmes qui s'émancipent par le genre, ou le genre qui est enfin reconnu grâce aux femmes ? Un peu des deux, et c'est tant mieux.

En septembre 2024, Coralie Fargeat est passée à l'Étrange Festival, organisé comme chaque année au Forum des Halles à Paris, pour présenter une projection du film *The Voices* de Marjane Satrapi (2015). À cette occasion, la réalisatrice a expliqué la manière dont *The Voices*, qui raconte avec humour et fantaisie l'histoire sordide d'un homme poussé au meurtre par des voix intérieures, la fait rêver par sa liberté de ton, sa folie, son lâcher-prise. C'est ce lâcher-prise que Fargeat identifie comme la qualité nécessaire à un cinéma de genre prospère et qui a tant manqué en France, où l'expression artistique se fait traditionnellement tout en retenue. Le grotesque et parfois même le ridicule, d'après Fargeat, sont les risques que le genre doit prendre pour abolir les barrières qui l'entravent et qui l'empêchent d'accomplir sa vocation iconoclaste, cathartique et subversive. C'est tout l'exercice accompli avec *The Substance*, à la fin duquel une créature monstrueuse, digne héritière des Universal Monsters, prend la parole sur scène devant un public guindé qu'elle finira par asperger de sang. Quel meilleur résumé d'un genre trop longtemps méprisé, qui affirme enfin, aujourd'hui, sa voix sur le sol français ? C'est bien en flirtant avec l'excès, avec l'aberration, que les plus récentes productions de genre ont réellement su marquer l'industrie et le public ces dernières années : un loup-garou qui parle avec l'accent du Sud-Ouest dans *Teddy*, des hommes-oiseaux dans *Le Règne animal*, une femme qui tombe enceinte d'une voiture dans *Titane*, des araignées géantes qui prennent d'assaut un immeuble dans *Vermines*...

Les portes auparavant bien fermées ont été enfoncées, et avec un peu de chance, la nouvelle génération de cinéastes n'aura plus qu'à les maintenir ouvertes. C'est tout le souhait formulé par cet ouvrage, qui recueille la parole de celles et ceux qui rendent cette révolution possible en témoignant des difficultés et du plaisir qu'il y a, aujourd'hui, à faire renaître la tradition d'un genre francophone.

Entretiens
par Axel Cadieux & Quentin Mével

Entretiens menés par Axel Cadieux et Quentin Mével, en octobre et novembre 2024, à l'exception de celui avec Coralie Forgeat, réalisé par Axel Cadieux, à l'occasion de l'émission de cinéma hebdomadaire Ciné ou canap sur RTL9.

Cassandre Warnauts

Cassandre Warnauts est productrice chez Frakas Productions depuis 2007. Cette maison belge, en grande partie spécialisée dans le cinéma de genre, a accompagné des films forts et singuliers tels que *Vivarium* (Lorcan Finnegan, 2019), *Earwig* (Lucile Hadzihalilovic, 2021), *Le Dossier Maldoror* (Fabrice Du Welz, 2025), et surtout les deux premiers longs-métrages de Julia Ducournau, *Grave* (2016) et *Titane* (2021). Cassandre Warnauts, qui a appris le métier sur *Grave*, revient sur ces expériences et sur sa collaboration avec une cinéaste hors-norme.

Comment expliquer cette prédominance du genre, parmi les films que vous produisez ?

Jean-Yves Roubin[1] a toujours voulu faire du cinéma de genre. Quand je suis arrivée, il m'a donné une pile de films à voir, en haut de laquelle se trouvait *Massacre à la tronçonneuse* (Tobe Hooper, 1974). Il m'a dit : « Si tu veux travailler avec moi, tu dois avoir vu tout ça. » Ce n'est pas du tout mon ADN à la base, j'ai super peur au cinéma, je n'avais aucune culture de ce type. Du coup, je suis vraiment entrée dans le genre en le fabriquant.

1 Jean-Yves Roubin, producteur et fondateur de Frakas Productions.

Avez-vous remarqué une évolution concernant le financement des films de genre, ces dernières années ?

Complètement. Ces films-là ont longtemps été impossibles à monter. En Belgique, ce n'était pas assez « dardennien[2] », pas assez social. C'est venu très, très progressivement. *Grave*, c'est vraiment le premier film qu'on est parvenus à financer à 50-50 avec la France. Ça a même été très facile chez nous, on a eu tous les financements du premier coup, ce qui a été assez surprenant… Après *Grave*, il y a eu un emballement et nous, on a été identifiés sur le marché comme des producteurs capables de faire du genre. Depuis, je remarque que tous les films de genre qu'on nous propose obtiennent du premier coup l'aide du CNC belge, là où parfois ils n'ont pas le CNC français. Les agents lisent plus rapidement nos projets, aussi. Ça nous a fait basculer sur autre chose. Par exemple, c'est probablement parce qu'on a fait *Grave* qu'on a été sur *Vivarium*, développé par des Irlandais. Dans un autre style, c'est aussi ce changement de statut qui a fait que l'on a reçu le scénario du film de Mati Diop, *Atlantique* (2019).

2 Du nom des frères Jean-Pierre et Luc Dardenne, réalisateurs – deux fois lauréats de la Palme d'or au Festival de Cannes – et producteurs belges, spécialisés dans un cinéma ancré dans le réalisme social.

Concrètement, comment commencez-vous à travailler sur *Grave* ?

Jean Des Forêts, le coproducteur du film, nous a contactés, car il ne trouvait pas le décor principal, l'école vétérinaire. Le scénario était déjà très solide, j'ai même l'impression que c'est le scénario que Jean-Yves attendait depuis longtemps. C'était fondamental, car chez Frakas, on a très vite décidé que les coproductions purement financières ne nous intéressaient pas. Il nous faut un lien avec le réalisateur, un vrai attrait artistique pour le projet. Et bien sûr, il faut que ça soit mutuel ! Ça a été le cas ici. Concernant le décor, Julia avait donc une idée très précise de ce qu'elle voulait et on a été chargés de lui trouver ça. C'était un gros challenge pour moi, je n'étais même pas encore productrice. On l'a vite emmenée voir cette université à Liège, très particulière d'un point de vue architectural. Elle a tout de suite dit : « C'est là que je veux tourner. » Et ensuite, on a tout tourné en Belgique.

Ce qui vous a d'autant plus impliqués ?

Oui. Le lieu de tournage a un vrai impact, car en Belgique, on a un système de financement qui est lié aux dépenses sur le territoire. Et puis, il y avait toute l'équipe technique à construire. Souvent, les réalisateurs viennent avec leurs collaborateurs réguliers. Là, c'était un premier long donc il y avait tout à imaginer, avec des techniciens belges. C'est vraiment le film dont je suis le plus fière pour ça, car on a longuement réfléchi à qui proposer à Julia, et ça l'a fait [rires] ! Il a fallu trouver des gens qui pourraient lui proposer des solutions, faire advenir ce qu'elle avait en tête malgré toutes les contraintes et les difficultés. Le choix déterminant a été le chef opérateur, Ruben Impens. Je n'avais jamais travaillé avec lui, j'avais juste vu les films sur lesquels il avait bossé, dont ceux de Felix Van Groeningen[3]. Ça a été une intuition, je me suis dit que ça collerait parfaitement avec Julia. Je n'avais pas tort, car ils ont ensuite fait *Titane* ensemble, et ils collaborent à nouveau sur *Alpha*.

Comment Julia Ducournau a-t-elle traduit ses envies artistiques ? En vous montrant des photos, des films ?

Elle ne parlait pas tant de références ou de films de genre. Elle recherchait un cadreur avant tout. Quelqu'un qui soit assez fou pour se jeter avec elle dans un baptême[4] d'étudiants, pour aller chercher des choses là-dedans. Et pour moi, Ruben, c'est un génie du cadre. Ça se voit dans ses films.

3 Felix Van Groeningen est un réalisateur belge, connu notamment pour *La Merditude des choses* (2009), *Alabama Monroe* (2012) et *Belgica* (2016).

4 Bizutage.

Comment peut-on expliquer cette alchimie entre eux deux ?

Franchement, je n'en sais rien. Il voit ce qu'elle voit. Je ne sais pas comment l'expliquer, ils se subliment et j'ai rarement ressenti ça aussi nettement qu'avec leur duo. C'est aussi très oral, Julia parle énormément pendant les prises et il sait l'écouter.

Ce n'est pas compliqué à gérer, au montage ?

Si ! Les ingénieurs son se prennent la tête, mais beaucoup de cinéastes ont cette habitude. En plus Julia accorde une importance capitale au son, élément primordial pour un film de genre. Le montage sonore est une étape qui me fascine. Comment, par exemple, insère-t-on une dimension fantastique à un son naturaliste ? Le bruitage, c'est tout aussi passionnant. Tu ne bruites pas un film de Julia comme tu bruites un film naturaliste. Tu peux utiliser une pastèque pour recréer le bruit d'un crâne brisé !

Vous avez aussi travaillé sur le casting.

Julia avait très peur des accents belges, mais on tournait à Liège, et c'est quand même très costaud à ce niveau là-bas [rires]. Honnêtement, comme elle sait très précisément ce qu'elle veut au niveau du casting, elle ne nous a pas franchement demandé notre avis, et elle a toujours opté pour l'inverse de ce qu'on préconisait [rires].

Et franchement, elle a bien fait !

Comment s'est passé le tournage dans le décor de l'université à Liège ?

Ça n'a pas été facile. Pas pour des questions budgétaires, car ils ne nous ont pas demandé beaucoup. Mais c'est un film sur les baptêmes d'étudiants, un sujet particulièrement *touchy* chez nous. Ils n'ont pas voulu lire le scénario et ont fini par accepter, à une seule condition : ils ne voulaient traiter qu'entre Liégeois. C'est un truc très belge, ça : la peur de voir Paris débarquer et faire la loi chez nous… De fait, les interactions au quotidien avec l'université, quand on devait tourner un jour de plus ou de moins dans la morgue par exemple, ça a vraiment été mon boulot principal – tenir ce décor jusqu'à la fin et faire en sorte que tout continue de rouler. Ce n'était pas évident, certains profs étaient opposés au tournage, l'université a dû en permanence s'adapter, et puis on était très envahissants. Julia voulait tout filmer ! À commencer par les chevaux, les vaches mortes… Elle a dû s'adapter elle aussi, tout n'était pas réalisable. Elle m'a impressionnée d'ailleurs. Toutes les scènes de groupe, avec de vrais étudiants parmi les figurants, étaient quand même très compliquées à gérer, surtout pour un premier long, et elle s'en est parfaitement sortie. Il y a aussi eu une vraie harmonie avec Ruben, qui a permis à l'ensemble de tenir.

Vous êtes intervenue lors du montage image ?

À ce stade, avec nous, Julia échange peu. Ça, c'est propre à chaque cinéaste et à chaque coproducteur. Ça peut vraiment varier, il n'y a pas de règle, ça dépend des projets. Par exemple, pour *Animale* d'Emma Benestan (2024), je crois que j'ai vu dix versions du montage. J'ai été beaucoup plus présente en postproduction que sur le tournage. J'ai aussi beaucoup assisté au montage sonore d'*Earwig*. À un moment, il y a une petite fille dans un train qui écrase les puces d'un chat entre ses doigts. Je les ai vus se triturer la tête pendant des heures sur la meilleure manière de recréer le bruit d'une puce… Au final, ils ont utilisé le pépin de je ne sais plus quel fruit.

Y a-t-il eu des différences entre la production de *Grave* et celle de *Titane* ?

J'étais moins impliquée sur *Titane*. C'est vraiment Jean-Christophe Reymond, de chez Kazak Productions, qui a repris la main. Il avait produit *Junior*, son court-métrage (2011), et Julia avait déjà signé pour faire *Titane* avec lui avant même *Grave*. Mais on est restés coproducteurs, à la demande de Julia je pense. Le budget étant bien plus conséquent, notre apport était proportionnellement moins important, à hauteur de 10 %. Et puis, on était moins investis dans la fabrication puisque tout s'est tourné en France.

Le budget de *Titane* était beaucoup plus important ?

Oui. Sur *Titane*, on était un peu en dessous de 7 millions. Sur *Grave*, un peu en dessous de 4. En plus, il y avait de vrais risques : le scénario était bien plus barré que ne l'était *Grave*, les prothèses coûtaient cher et nécessitaient énormément de temps de maquillage le matin… La scène d'ouverture, avec tous ces figurants, les nanas sur les bagnoles, fallait pas se louper non plus, c'était très costaud. Il y avait du stress et des défis importants.

Vous êtes intervenus sur le scénario ?

Seulement quand Julia ou Jean-Christophe nous ont demandé notre avis. Mais là encore, c'est bien plus intense avec d'autres projets… Sur *Vincent doit mourir* (2023) par exemple, il y avait de vrais enjeux de coupes budgétaires, il a fallu adapter le scénario, couper cinq jours de tournage, trouver comment on va recréer cette émeute, cette autoroute... Stéphan Castang, le réalisateur, travaille comme avec une troupe de théâtre. C'est une approche différente, plus collective. Julia a une approche plus verticale, ce qui est très intéressant aussi !

Un cinéaste a toujours le *director's cut* chez vous ?

C'est plutôt le *producer's cut* qui n'existe pas… Tu dois impérativement trouver un terrain d'entente, tu n'as pas le choix. Après, je ne dis pas que certains réalisateurs ne sont pas très malheureux de leur film, parce qu'ils ont dû écouter les partenaires financiers, les chaînes, le distributeur, changer de monteur parfois. Quand il y a une pression financière, ça peut être compliqué, et notre boulot c'est aussi d'anticiper ces problèmes-là. Si tu reçois un scénario de 200 séquences avec un budget de 3 millions, tu te dis direct qu'il y a un souci, c'est flagrant.

Quid d'*Alpha*, le nouveau film de Julia Ducournau dont le tournage a commencé en septembre 2024 ? Vous êtes à nouveau coproducteurs ?

Toujours, oui ! Mais c'est un gros film, on ne peut pas le financer à plus de 10 %, à moins qu'ils tournent tout chez nous, ce qui n'est pas le cas. C'était quand même important pour Julia de bénéficier de l'enveloppe du CNC belge, qui est de 100 000 euros pour un film à plus de 10 millions. C'est un petit apport, mais symboliquement, ça compte. Elle n'a pas eu l'avance sur recettes du CNC en France, et elle n'a pas non plus les 55 millions du *Comte de Monte-Cristo* (Alexandre de La Patellière et Matthieu Delaporte, 2024), ce n'est pas carte blanche, elle a dû couper des choses. Pour moi, c'est son plus beau scénario. Il m'a bouleversée et d'ailleurs je le lui ai dit, même si elle n'attendait pas de retour particulier [rires] !

Ludovic et Zoran Boukherma

Avec *Teddy*, leur deuxième long-métrage sorti en salles en 2020, les frères Ludovic et Zoran Boukherma ont su se démarquer en transposant les codes du film de loup-garou au cœur de leur Sud-Ouest natal et en façonnant un univers bien à eux, situé entre le comique absurde, l'horreur pure et la tragédie adolescente. Spécificités locales, science du plan fixe, gestion d'un budget famélique, utilisation d'acteurs non-professionnels et numéro d'équilibristes : les deux cinéastes livrent les clés de leur méthode, font le point sur l'évolution du cinéma de genre en France et expriment même des regrets quant à la fabrication de leur troisième film (*L'Année du requin*, 2022).

***Teddy* est votre deuxième long-métrage. Pouvez-vous nous en raconter la genèse ?**

LUDOVIC : Après notre premier film, *Willy 1er* (2016), qui était une sorte de comédie dramatique et sociale, on a écrit plusieurs scénarios. On galérait un peu, on a tâtonné et essayé plein de choses. Et puis on s'est souvenus de nos premières amours cinématographiques, à savoir le genre. Notre mère était fan de Stephen King et nous a montré beaucoup d'adaptations de ses livres – *Ça* (Tommy Lee Wallace, 1990), à neuf ans, ça nous a traumatisés ! – ainsi que les films de Wes Craven. Elle nous a transmis son goût pour le genre, je nous revois encore devant le rayon des films d'horreur au vidéo-club…

ZORAN : Clairement, après *Willy 1er*, on avait un peu la pression du deuxième film et on cherchait à trouver quelque chose de fun. Le genre, ça nous a libérés, surtout qu'on a eu l'idée d'ancrer ça dans un territoire que l'on connaît, à savoir le Sud-Ouest. Mettre un loup-garou dans un univers rural et naturaliste, dans la cuisine de notre grand-mère… Là, ça devenait intéressant ! Il y avait presque un sentiment d'interdit.

Vous avez grandi dans le Sud-Ouest ?

L : Oui, pas exactement là où a été tourné *Teddy*, mais pas loin. On vient d'un milieu assez populaire. Le point de départ, un peu naïf, c'est vraiment de propulser dans le Lot-et-Garonne les films de monstres qu'on voyait gamins.

Z : Faire se rencontrer le milieu rural et ennuyeux qu'on a connu enfants et le fantastique des films américains était super stimulant. C'est un drôle de mélange, surtout avec l'accent du Sud-Ouest. En anglais, ça aurait été beaucoup plus classique et attendu.

Pendant l'écriture, avez-vous revu certains films ?

L : Carrément ! *Le Loup-garou de Londres* de John Landis (1981), *Hurlements* de Joe Dante (1981), *Teen Wolf* (Rod Daniel, 1985) avec Michael J. Fox… On cherchait ce côté un peu *eighties* avec un loup-garou mécanique, presque un peu mal fait.

Z: On voulait qu'on ressente la facticité, le plastique.

Et pourquoi le loup-garou, plus spécifiquement ?

L: C'est devenu évident, avec l'actualité…

Z: On a écrit en 2017, en pleine vague d'attentats. On entendait beaucoup parler de ces radicalisations, et puis il y a eu ce documentaire dans lequel on suivait des jeunes Niçois en partance pour la Syrie, avec des longues barbes. Le lien avec la figure du loup-garou nous a sauté au visage, tant on peut faire un parallèle entre la transformation d'un homme suite à la griffure ou la morsure d'un loup-garou et le cheminement vers la radicalisation.

L: *Le Loup-garou de Londres*, c'est vraiment ça : un gars se transforme et massacre des gens avant d'être traqué par la police et tué à son tour. C'est exactement le parcours des terroristes.

La transformation en loup-garou est-elle aussi la métaphore du passage à l'adolescence ?

Z: Il y a un côté très *coming-of-age*, oui, avec l'arrivée des poils… On s'est amusés en se posant la question de la façon dont le cinéma américain aurait abordé telle ou telle situation. La scène du médecin, par exemple. C'est souvent un passage obligé. Mais nous on la transpose avec un médecin un peu *cheap*, qui a un gros accent du Sud-Ouest. Ça crée un décalage qui nous fait marrer, on joue avec les codes.

Il y a un équilibre entre la farce et, parfois, l'horreur pure, qui ne doit pas être évident à trouver à l'écriture…

L: Carrément. On s'est posé beaucoup de questions. L'attaque dans la salle des fêtes, à la fin, était par exemple prévue en mode *Carrie* (Brian De Palma, 1976, adapté d'un roman de Stephen King) : plein de monde, le loup-garou qui surgit, du sang qui gicle sur les murs… Mais on s'est dit qu'on allait trop loin dans le côté kitsch, ça annulait complètement le drame et ça nuisait au film, parce qu'il n'y avait plus d'émotion lors de la traque de Teddy. Et puis on s'est rendu compte que montrer seulement le résultat de l'attaque était beaucoup plus fort. On imagine sans voir. Et on ne va pas se mentir, c'était aussi une question de budget.

Z: On savait qu'on était constamment sur un fil et qu'on oscillait entre des registres assez différents. Nos références, outre le cinéma de genre, c'était les films de Bruno Dumont ou de Kervern/Delépine, qui jouent aussi avec cet équilibre, entre le premier et le second degré.

Lors de la scène finale, il y a un plan qui synthétise bien cet équilibre et la manière dont vous jouez avec la suggestion : un personnage se cache derrière un comptoir, éclairé par la lumière d'un portable ; le portable s'éteint et quand il se rallume, le personnage a disparu et on comprend qu'il s'est fait dévorer…

Z : On a mis du temps à le trouver, celui-là ! Et en effet, c'est un bon exemple : au début, le loup-garou devait traîner le gars vachement longtemps, tout était très explicite. Mais sans argent, c'était *cheap* et super kitsch. Là encore, ça brisait l'émotion et une certaine solennité. C'est vraiment pendant le tournage qu'on s'est rendu compte que l'idée première n'était pas bonne. Ou du moins, qu'elle ne fonctionnait pas à ce moment-là du film.

Quelle est votre méthode d'écriture ?

Z : On écrit tout ensemble. On se retrouve dans un café à 8 heures du matin, on parle de la scène et on l'écrit. Sur l'histoire en elle-même, on va assez vite. Pour *Teddy*, en trois semaines, on avait une première version.

L : On est tous les deux devant le même ordinateur. On fait les voix, tout. On cherche d'abord la structure du film : un gars un peu *loser* se fait bouffer, devient un loup-garou et se venge de ceux qui l'ont bizuté. Comme on fonctionne par couches, on a ensuite eu l'idée de l'histoire d'amour et c'est là que le film a trouvé sa forme finale, celle d'un *coming-of-age*. Ça a pris du temps, c'était très différent au début : Teddy tombait amoureux d'une autre meuf, loup-garou elle aussi.

Z : Il y avait ensuite un truc de radicalisation collective. Ça a complètement changé. Il y avait plusieurs loups-garous, et c'était trop littéral sur la métaphore du terrorisme : l'un d'entre eux partait dans les bois et en rencontrait d'autres. C'était trop premier degré. On a tout viré.

L : Faire un film de loup-garou dans le Sud-Ouest avec des mecs qui ont l'accent, c'était déjà gros comme concept. Si on ajoutait plein de loups-garous, avec un film scindé en deux parties, ça devenait trop. On était perdus.

Z : Ce qui nous a recentrés, là encore, c'est de penser à *Carrie* : un film droit, rectiligne, mais en France et avec un loup-garou. La structure, c'est complètement ça.

Vous écrivez en ayant votre mise en scène en tête ?

L : Pour avancer dans la structure, je crois en effet qu'il faut avoir des envies de scènes et des plans précis en tête. Nous, pour se motiver, on écoute de la musique et on se passe des visuels. En l'occurrence, on a très vite pensé à la salle des fêtes et au poil qui pousse sur la langue.

Z : À la base, on avait aussi en tête quelque chose de très *Striptease*, l'émission belge. On imaginait un vieux monsieur avec l'accent du Sud qui fait une déposition dans une gendarmerie, pour raconter qu'il avait vu un loup-garou tuer son petit-fils dans les bois. On trouvait la scène très con, très absurde, ça nous faisait marrer.

Vous mélangez acteurs professionnels et non-professionnels. Qu'est-ce que ça implique, à l'écriture ? Réécrivez-vous parfois avec les acteurs, ou en fonction d'eux ?

Z : On écrit de manière très précise, avec toujours une espèce d'illusion sur le fait que ça va forcément marcher avec les non-professionnels. Et à chaque fois, ça ne marche pas [rires]. Alors, on s'adapte. Dans la séquence de déposition avec Pépin, l'oncle interprété par l'acteur non-professionnel Ludovic Torrent, le texte était très long – on y tenait. Mais sur le tournage, il n'y arrivait pas. On pensait naïvement qu'on ferait comme pour notre premier film, qu'on glisserait une oreillette sur l'acteur et qu'il n'aurait qu'à répéter. Sauf que Ludovic ne parvenait pas du tout à répéter ce qu'il venait d'entendre. C'était une impasse. Au final, tu revois tes ambitions à la baisse, tu enlèves une réplique, puis une autre. Tu remplaces telle ligne par une mimique. Et tu peux y gagner !

L : C'est aussi ce qui crée une sorte d'étrangeté dans le jeu. Quelque part, Ludovic a donné quelque chose de mieux que ce qu'on avait écrit. Dans ces moments-là, on est pragmatiques et on se dit que si on arrive à faire passer les trois répliques les plus importantes, la scène fonctionnera.

Z: Ceci dit, on est contents à la fin mais sur le plateau, c'est fatigant. On doit être en alerte en permanence. Et on filme beaucoup, étant donné qu'on sait qu'on n'aura pas le texte de base. On les fait improviser, pour avoir de la matière au montage.

Ça doit être compliqué, sur le moment, de ne pas vivre ces difficultés comme une catastrophe ?

L: La scène avec le médecin a été une vraie catastrophe au tournage. On y a passé une journée entière et à la fin, on était persuadés qu'il faudrait quand même la tourner à nouveau plus tard à Paris. Mais au montage, en une matinée, on a vu qu'elle fonctionnait bien en fait.

Pour les professionnels, écrivez-vous en pensant à des acteurs précis ?

Z: On a pensé assez tôt à Anthony Bajon, en voyant *La Prière* de Cédric Kahn (2018). Il est assez brut, il vient d'un milieu ouvrier, ça nous plaisait. Il a beau être un acteur pro, il a un côté un peu boiteux, ça fonctionnait bien. Le reste du casting a par contre été très long. On est partis dans le village où le film a été tourné, vers Perpignan, pour rencontrer les habitants intéressés. On s'est retrouvés dans une grande salle avec plein de monde et on a fait une première répartition des rôles. On les a fait défiler en les filmant et on a écrémé. C'était capital pour nous car notre truc de base c'est l'ancrage réel, on ne veut pas trahir quelque chose de la région.

L : On cherche aussi des acteurs qui vont nous surprendre. Avec Ludovic Torrent par exemple, on ne savait jamais ce qui allait se passer au moment de dire « action ». C'était à la fois hyper angoissant parce qu'on savait que nos scènes allaient un peu partir à vau-l'eau, et en même temps, il apportait des trucs qu'on n'aurait pas pu imaginer. Au casting, sa façon de parler et son élocution étaient tellement bizarres qu'on s'est dit que ça allait forcément donner quelque chose d'intéressant.

Z : On cherche des gens qu'a priori on ne verrait pas sur grand écran. Nous, on souhaite les mettre au centre et en faire des héros.

C'est une prise de risques…

Z : Oui ! On en est conscients. D'ailleurs, on a changé le rôle de Ludovic Torrent une semaine avant le tournage. À la base, il devait jouer un éleveur avec deux répliques. Mais on trouvait le premier acteur retenu pour jouer Pépin un peu lisse… Bien, mais plus carré. Ça manquait d'un petit pas de côté. Au final on a accentué les risques, parce que

Ludovic a apporté quelque chose qu'on ne maîtrisait pas.

L: Ceci dit, on a quand même dû couper pas mal de scènes impliquant Pépin ou d'autres acteurs non-pros. Des scènes importantes, qu'on aimait bien, celle de l'exorcisme notamment.

Z: On s'est plantés sur cette scène. On avait un prêtre qui devait pratiquer un exorcisme, toujours dans l'idée de mêler culture américaine et territoire français. Ça n'a pas du tout marché : l'acteur jouant le prêtre était super en casting, mais tétanisé par le dispositif de tournage.

Comment le film a-t-il été financé ?

Z: Nos deux premiers films étaient totalement fauchés ! Je crois que pour *Teddy*, on avait un budget de 900 000 euros… On n'a pas eu le CNC. On a tourné sans avoir de distributeur. Mais ça nous a aussi donné une grande liberté, car les enjeux étaient très limités.

L: Le film a aussi cette forme parce qu'il est né avec cette contrainte financière.

Comment expliquez-vous ces difficultés financières ?

L: On racontait qu'on souhaitait faire une comédie, mais aussi un film de genre et qui plus est, avec des acteurs non-pros. Ça faisait beaucoup. Le mélange proposé en a perdu certains, qui ne voyaient plus trop ce qu'on voulait faire. Il peut y avoir une appétence des financeurs pour le cinéma de genre, mais seulement quand il est « droit ». C'est parfois difficile de s'y retrouver : *Grave* a créé un appel d'air, le CNC a constitué une commission « films de genre », mais ils nous ont dit que *Teddy* n'était pas assez « genre ». Et à l'avance sur recettes, la commission d'aide principale du CNC, ils nous ont dit que c'était trop un film de genre [rires] !

Avez-vous la possibilité, dans cette économie, de faire des lectures et répétitions avec les comédiens ?

Z : Avec Anthony Bajon et Christine Gautier, qui joue Rebecca, on a fait deux après-midis de répétitions pour trouver avec eux la caractérisation des personnages. Avec les acteurs non-pros, on n'en fait pas.

L : Ils ont parfois une spontanéité qu'il ne faut pas trop user. Plus on refait les scènes avec les non-pros, plus une musique s'installe.

Dans la séquence où Anthony Bajon et son oncle partagent un dernier petit-déjeuner, ils n'échangent pas un mot. Leurs regards racontent la situation, leur relation. Vous l'avez écrite comme ça, sans dialogue, ou ça s'est décidé sur le plateau ?

Z : On a beaucoup réécrit ! À la base ils n'étaient même

pas dans la cuisine, il y avait un petit dialogue dans une chambre. On a réalisé que ça pouvait se passer de mots, avec un jeu de regards tacite. Ludovic était plus à l'aise comme ça, il pouvait proposer davantage de choses. Il est très émotif, il pleurait pour de vrai. Notre inspiration pour cette scène c'était celle des *Évadés* (Frank Darabont, 1994 – adapté d'un roman de Stephen King) où un personnage écoute un morceau de musique, dans son bureau, alors que les flics viennent l'arrêter.

L: Le dernier repas du condamné à mort, en gros. C'est amusant la façon dont certaines séquences s'élaborent à partir de contraintes. Au début, on voulait que Teddy soit acculé à l'extérieur, face à une foule. Mais avec nos 40 figurants, ça ne donnait rien. Du coup on a plutôt fait entrer la foule dans la maison – 40 personnes dans une petite pièce, là tu as l'impression qu'il y a du monde.

Les cadres sont très composés. Storyboardez-vous ?

Z: On storyboarde tout. On est hyper angoissés donc on préfère avoir un truc assez maîtrisé, savoir où on met les pieds.

L: On noircit d'abord des carnets entiers de scènes découpées, sans même connaître les décors. C'est théorique, ça nous permet d'installer une ambiance. Puis on refait une passe quand on connaît les décors. On affine, on redessine.

Le film est composé d'une majorité de plans fixes, il y a très peu de mouvements de caméra…

Z: La vérité c'est qu'à l'époque, on était très peu à l'aise avec les mouvements de caméra…

L: On avait très peu de temps, très peu d'argent, donc il fallait être rapides et efficaces. Et puis ça faisait sens : les plans fixes enferment les personnages, apportent une certaine tension.

Le grand angle participe aussi de cette volonté ?

L: Oui. Ça crée une sorte de bizarrerie, de décalage. Et puis avec le grand angle, quand tu avances très légèrement la caméra tu as l'impression d'un énorme travelling. Les effets sont décuplés.

Z: On avait envie de filmer le Sud-Ouest avec un filtre qui fasse très fiction. Le grand angle permet ça. Il déforme les décors, les transforme, induit une étrangeté. L'autre chose qu'on a beaucoup utilisée pour parvenir à cette sensation, ce sont les plongées ou contre-plongées. Dès qu'on trouvait un plan pas terrible, on positionnait la caméra vers le haut ou vers le bas. Ça crée une légère déstabilisation, c'est intéressant.

Il y a l'idée de filmer le réel, des territoires que vous connaissez bien, mais avec un léger décalage ?

L: C'est ça. On est très attachés à l'idée de filmer la France, mais en soi, on ne la trouve pas incroyablement cinématographique. Ça nous importe de filmer un territoire que l'on connaît, mais on n'a pas envie de s'attarder sur des choses qu'on trouve moches, comme le mobilier urbain ou les panneaux de signalisation. Le grand angle nous aide à les mettre à distance ; en un sens, ça éloigne les décors des personnages.

Là encore, on sent l'influence d'un certain cinéma américain…

L: C'est dans notre ADN. La banderole qui tombe au ralenti dans la salle des fêtes, c'est encore du *Carrie*.

Z: La scène d'intro reprend les codes du *slasher*, sauf qu'à la place d'une jeune femme tu as une grand-mère. On déplace un peu la chose.

L: Et ça ne s'arrête pas au cinéma. L'idée que l'oncle tue Teddy pour le libérer et lui éviter un lynchage par la foule, c'est *Des souris et des hommes* de John Steinbeck. À l'écriture, on est forcément nourris de plein de références ; mais au découpage, on essaie de faire notre truc.

Le générique de fin est un très long travelling circulaire, la caméra tourne autour de Teddy et Rebecca qui s'embrassent. Là encore, c'est du Brian De Palma,

façon *Obsession* (1976) ou *Body Double* (1984).
Et ça tranche totalement avec la mise en scène statique du reste du film…

L : Le plan était prévu pour le climax du film ! On aimait l'idée de voir tout l'amour de Teddy pour Rebecca : la caméra s'envole et s'emballe parce qu'il est fou d'elle, on épouse son point de vue. Mais on a réalisé, au montage, que ça ne marchait pas du tout. On a coupé la scène mais on adorait le plan, donc on l'a choisi pour le générique de fin. On a une dernière image d'eux, romantique et fantasmée, qui contrebalance le drame qui vient de se nouer.

Vous avez coupé beaucoup de choses au montage ?

L : Disons qu'on a dosé, rééquilibré. On s'est rendu compte qu'on devait couper quelques moments comiques, notamment.

Z : L'absurde fonctionne au début, mais plus le film avance, plus on tend vers le drame. Il a fallu écrémer pour créer un effet entonnoir et ne pas nuire à l'émotion.

L : Comme on avait tourné pas mal de versions de la plupart des scènes, en allant plus ou moins vers la comédie et l'absurde, le gros du travail au montage a consisté à choisir les bonnes prises, selon la tonalité désirée à tel moment du film. Et en effet, plus on avance, plus c'est sérieux. On va vers la noirceur. La scène où les flics découvrent le massacre dans la salle des fêtes, par exemple. On a gardé une prise où ils restent muets, mais on en avait d'autres plus comiques, dont une où l'un d'entre eux disait, avec son gros accent : « C'est un massacre, Jean-Michel ! » C'était super drôle, mais ça ne marchait pas à ce moment précis, avec en plus les portables des victimes qui sonnent dans le vide et font évidemment écho au Bataclan…

Z : À la fin, devant le cadavre de Teddy, un flic disait : « C'est quand même un drame… » Pareil, on a enlevé. À ce moment-là du film, il faut rester premier degré. Ça aurait marché dans la première partie du film, mais pas là.

Votre film suivant, *L'Année du requin*, fonctionne sur un registre similaire, en fusionnant les genres…

L : Peut-être un peu trop, d'ailleurs. On a voulu appliquer la même recette, on s'est dit qu'on savait faire. Au final, je crois que plein de choses fonctionnent moins bien, pour plusieurs raisons. Déjà, concernant le monstre, il me semble que c'est plus intéressant avec un loup-garou : le personnage mute, se transforme, la menace ne vient pas de l'extérieur, mais de l'intérieur. Ça c'est une question d'écriture, et il se trouve qu'on a écrit *L'Année du requin* avant *Teddy* ; *Teddy* nous paraît plus abouti. L'autre chose, c'est le budget. On a eu quatre fois plus d'argent pour faire *L'Année du requin*, on a casté des acteurs connus, et je ne suis pas sûr que ça nous ait servi.

Z: Notre personnage principal, à la base, c'était une gendarme obèse et solitaire, pour laquelle la traque du requin devenait une obsession vitale. Au final, le rôle est tenu par Marina Foïs. Les acteurs choisis sont formidables, mais ça n'est pas le même profil. Notre idée première n'était pas finançable, en fait.

L: Un film de requins suppose pas mal de financements, et les financements viennent avec le casting. On s'est heurtés à cette logique. Pour *Teddy*, on avait moins de budget donc on a pu expérimenter. Avec 4 millions, paradoxalement, on n'aurait pas pu faire le même film.

On a évoqué votre attrait pour le fait de filmer la France, un territoire que vous connaissez et qui sert à nouveau de décor à votre quatrième long-métrage, *Leurs enfants après eux* (2024), d'après le roman de Nicolas Mathieu. Vous verriez-vous tout de même tourner à l'étranger ?

Z: Complètement. Et à vrai dire, on écrit en ce moment un scénario en anglais ! On travaille sur deux films : l'un pourrait être tourné en Europe, mais l'autre se passe forcément aux États-Unis.

Olivier Afonso & Frédéric Lainé

OLIVIER AFONSO

L'Atelier 69 a été créé en 2002. C'est dans ces locaux de près de 1000 m², installés au 69 d'une rue de Montreuil, qu'une fourmilière d'artistes et techniciens travaillent dans les domaines du maquillage, des sculptures, de l'animatronique ou encore de l'animation de marionnettes. Tout ce qui a trait, en somme, aux effets pratiques et effets visuels. Olivier Afonso, grand gaillard barbu, tout en bonhomie, fait partie de l'aventure depuis ses débuts. Son cursus ? Une école d'arts appliqués, pour devenir sculpteur. Les hasards de la vie l'ont finalement mené à travailler sur les films de Xavier Gens, Quentin Dupieux, Guillaume Canet, Coralie Fargeat, Julia Ducournau...

À quelle étape de la création d'un film fait-on appel à vous ?

J'ai l'impression que maintenant, on est impliqués très en amont. Là, sur certains projets, j'interviens dès l'écriture. Les réalisateurs se posent des questions sur la façon de fabriquer les effets, qui aura une incidence sur le scénario et la mise en scène. On m'appelle, je donne mon avis et ça a souvent un impact sur la suite. Évidemment, je ne conseille pas la même chose à Julia Ducournau, Quentin Dupieux ou Guillaume Canet. Je connais leurs univers, ils ont des écritures différentes.

Comment ça se passe avec Julia Ducournau, par exemple ?

Julia, son univers est très froid, réaliste, limite naturaliste. S'il y a une scène de sang, ça ne ressemblera pas à du chanbara[5]. Avec elle, je vais toujours aller vers l'efficace et la sobriété. Sur *Grave*, j'essayais d'atténuer les effets plutôt que de les accentuer. La scène où on voit la cuisse dévorée de Rabah Nait Oufella, c'est très sobre et ça marque d'autant plus. Avec le duo Bustillo-Maury[6], on s'oriente beaucoup plus vers le fantastique ; avec Xavier Gens[7], vers le spectaculaire ; avec Quentin Dupieux, dès que c'est trop sophistiqué, ça le fait chier. Mes propositions doivent être au diapason. Ma plus grosse inquiétude, c'est de ne pas être au service du film. Je dois m'effacer : un bon effet, c'est un effet qui ne se voit pas. On n'est pas dans la performance ou au championnat du monde de maquillage. On doit toujours servir la narration.

5 Films de sabre japonais, aux effusions de sang le plus souvent très exagérées, auxquels Quentin Tarantino a par exemple rendu hommage dans *Kill Bill vol.1*.

6 Réalisateurs entre autres des films *À l'intérieur* (2007), *The Deep House* (2021), *Le Mangeur d'âmes* (2024).

7 Réalisateur entre autres des films *Hitman* (2007), *Frontière(s)* (2007), *Sous la Seine* (2024).

Pour revenir à *Grave* et Julia Ducournau, avez-vous d'autres souvenirs de votre collaboration ?

À un moment, le personnage de Garance Marillier devait être bourré et aller dans la morgue pour essayer de mordre des bouts de corps, un bras coupé… Ça m'a semblé un peu « bis » dans les effets, un peu *too much*, et par ailleurs trop cher pour le budget alloué. Julia a décidé de raconter la scène d'une autre façon, plus sobre, plus trouble, moins gore, et je trouve qu'elle marche bien mieux de cette manière. L'intelligence de Julia, c'est de s'adapter. Elle est capable de se remettre en question à la dernière minute, malgré ses intentions initiales, et de se dire : « Peut-être que… » Avec la première option, je pense que le spectateur serait resté focus sur le faux bras en étant dégouté et en se disant que « Wow, c'est bien fait ! »

Cette collaboration a continué sur *Titane* ?

On est allés encore plus loin ! Je ne devais être présent que neuf jours sur le tournage, finalement j'en ai fait vingt-cinq, parce que c'était dur. On s'engueulait sur des détails, sur des trucs de crédibilité, de faisabilité… Il y avait par exemple ce plan-séquence où le personnage principal tue tout le monde, plante le pied du mec… C'était drôle à faire : je me suis retrouvé derrière un canapé, puis derrière la caméra, pour avoir le meilleur angle pour mettre les effets de sang sur la tronche du comédien au sol qui se faisait matraquer la gueule avec un tabouret. Au début, il devait y avoir beaucoup plus de sang, d'impacts, les meurtres n'avaient pas lieu dans le même ordre. Je disais à Julia : « Tu te rends pas compte, tes comédiens vont se casser la gueule en glissant sur le sang, il va falloir refaire la prothèse, là concrètement c'est impossible ! » Mes problématiques techniques impliquaient des choses en termes de mise en scène, donc elle recadrait en fonction, s'adaptait. Parfois j'avais raison, parfois j'avais tort, c'était un sacré truc. Je disais : « On n'y arrivera pas ! » Elle : « On va y arriver ! Tu me fais chier ! » Moi : « Mais c'est pas ma faute ! » On s'est bagarrés pour savoir qui avait raison alors qu'on essayait juste, tous les deux, de faire le meilleur truc possible. Finalement, j'ai adapté ma technique et elle a fait quelques compromis. Tout ce travail de confrontation à la réalité de la fabrication d'un film a forcément une incidence sur la manière dont elle raconte son histoire. Chez Julia, il y a un côté très sculpteur : elle taille, elle taille, elle se confronte au réel, elle épure pour aller progressivement à l'essentiel.

Les prothèses, c'est une part importante de votre travail ?

Sur *Titane* c'était énorme, il y en avait tous les jours, tout le temps. Par exemple, la scène où le personnage principal, joué par Agathe Rousselle, se tape le nez contre le rebord de la table. Il a fallu trouver des solutions pour que ça soit possible, techniquement et financièrement, tout en allant dans le sens de ce que voulait raconter Julia : il fallait avoir mal pour elle. Ça n'a pas été simple mais surtout, ça impliquait de nombreuses prothèses, avec une évolution tout au long du film : elle est d'abord normale, puis il y a son nez cassé, à la fin elle a un peu de moustache, des sourcils différents, une pilosité adaptée, elle a des traits bien plus masculins… La continuité à maintenir dans le maquillage est absolument délirante sur ce film. Agathe change tout le temps de visage, du début à la fin. Là, tu es à fond au service du film et c'est génial, tu aides à construire le personnage avec des éléments très concrets.

Techniquement, comment sont faites les prothèses ?

On moule le visage de la comédienne pour obtenir le « double » de son visage, en plâtre. Là, dans l'exemple de *Titane*, je sculpte moi-même les nez déformés. Julia me donne son avis, me demande d'y aller plus fort, moins fort, plus à droite, à gauche. Est-ce que c'est une plaie ouverte, une fracture ouverte ? Quand les sculptures sont validées, on en fait un moulage pour en tirer une prothèse en silicone qui va s'adapter pile-poil à la forme du visage de l'actrice. Je savais que son visage allait être déformé en permanence, différent tout au long du film. Quand le personnage de Vincent Lindon lui replace l'os, le nez que l'on retrouve est plus « massif » que celui qu'elle a au début. Ça veut dire qu'il n'y a pas qu'une seule prothèse « nez cassé », mais trois : « nez cassé », « nez cassé mal replacé » et « nez cassé qui intègre un visage où j'accentue des traits beaucoup plus masculins du personnage ». Tout ça, c'est un mois de travail ; un nez, ça reste petit. Sachant que ça doit être suffisamment subtil pour que le spectateur le ressente, sans forcément en être sûr. Et je ne parle même pas des maquilleuses qui, sur le plateau, ont ensuite sur le moment durci les tempes, travaillé les sourcils…

Il y a donc un travail en amont du tournage, mais aussi pendant le tournage…

Absolument. J'ai constitué une équipe féminine pour travailler sur le visage de l'actrice, pour qu'elle soit à l'aise. C'est un autre aspect fondamental, dont on parle peu : il faut installer un climat de confiance pour que la comédienne soit à l'aise, et que de notre côté on puisse œuvrer au mieux. Ça reste quand même un travail sur le corps, avec beaucoup de nudité.

Est-il déjà arrivé qu'un acteur ou une actrice vous mette des bâtons dans les roues ?

Je touche du bois, ça ne m'est pas encore arrivé. Généralement, ils sont très friands des transformations, donc ça va. Je sers plutôt de tampon, à vrai dire : il y a souvent des désaccords artistiques entre l'acteur et le réalisateur, ils te prennent à témoin et tu te retrouves au milieu du bazar.

Comment Julia Ducournau vous communique-t-elle ce qu'elle recherche ?

C'est une donnée importante, parce que ce n'est pas toujours évident de comprendre ce que désire l'autre. Avec Julia, on est totalement sur la sensation, donc il faut bien être sûr de ce dont on parle. Sur *Titane*, pour une scène en particulier, elle voulait un ventre couleur… titane. Je lui dis : « Ce que t'as en tête, c'est le revêtement qu'on met sur le titane, c'est pas le titane. » Finalement, après pas mal de discussions, on est partis sur un chrome. Pourquoi ? Parce que le chrome permettait de refléter Vincent Lindon, ce qui fait sens. On a mis du temps à se comprendre, mais ça a finalement servi le film : on est revenus à ses intentions.

Et la cicatrice dans le cuir chevelu de l'héroïne ?
C'est elle qui l'a dessinée ?

Elle me dit : « Je veux une trépanation. » Je réponds : « OK, alors si c'est une trépanation, c'est en forme de fer à cheval. » On discute longuement là encore, et elle finit par me dire qu'elle veut une spirale. Je lui fais remarquer qu'une trépanation, ça n'a jamais la forme d'une spirale, que ce n'est pas réaliste alors que c'est ce qu'elle recherche. J'ai fini par comprendre qu'elle voulait une cicatrice avec un rendu réaliste, mais avec une forme qui ne l'était pas forcément. C'est parfois des discussions de fous !

Pourquoi une spirale, alors ?

En référence à la spirale de *Sueurs froides* de Hitchcock (1958), qui la fascine… Ça a fait son chemin, mais on a fini par se comprendre, j'ai capté ses intentions. Et c'est devenu l'image iconique du film.

Est-ce que vous travaillez en collaboration avec l'équipe
en charge des effets numériques ?

Oui. Ça, souvent, c'est à moi d'y penser, d'alerter le cinéaste et de faire le lien entre les différents techniciens nécessaires à chaque projet. Au début, Julia ne voulait pas entendre parler de numérique pour *Titane*. Je l'ai convaincue que ça allait nous aider et j'ai fait le pont avec

Mac Guff[8]. Sur un film comme celui-là, on n'allait pas pouvoir passer notre temps à raccorder, réparer, recoller les prothèses… Il fallait absolument du numérique, et que ça soit une collaboration entre toutes les parties. Y a un truc qu'on entend depuis des années : « Est-ce que le numérique n'est pas en train de bouffer le maquillage effets spéciaux ? » Bah non : il y a des choses que l'on fait mieux qu'eux, moins cher, et le truc marrant c'est qu'au final, le développement du numérique nous a apporté encore plus de boulot. On s'est complétés et on s'est mutuellement apporté des projets.

Vous avez aussi travaillé sur *The Substance*, de Coralie Fargeat (2024) ?

Coralie m'a appelé en urgence. Elle avait une galère : elle s'est rendu compte que par rapport à son histoire, sa comédienne, Margaret Qualley, n'avait pas assez de seins. Elle me dit : « C'est pas logique, on crée un personnage qui est la version +++ de la bimbo hollywoodienne, avec tous les clichés que ça implique, qui doit être une sorte d'objet sexuel, il faut qu'elle ait des seins hyper pulpeux ! » Et en même temps elle ne voulait pas que ça fasse siliconé. On a trouvé une prothèse de la bonne taille

8 Entreprise française d'effets visuels numériques, fondée en 1986.

après plusieurs essais. D'ailleurs, j'ai pris les maquilleuses qui avaient travaillé sur *Titane* pour aller bosser avec Margaret Qualley. Dès qu'il y a de la nudité, c'est *touchy*. J'aurais adoré faire la créature de fin, mais une équipe anglaise avait déjà été engagée.

Et comment s'est passée votre collaboration avec Thomas Cailley, pour *Le Règne animal* (2023) ?

Je crois qu'il est arrivé sur l'atelier avec beaucoup de méfiance, en se disant : « Je ne dois pas être trop séduit par ce que je vois là. » Et il avait raison. Ce n'est pas parce que les effets sont réussis que la scène sera réussie. Thomas a été malin, à ce niveau. Après, je ne peux pas vous en dire beaucoup plus, ce n'est pas moi qui ai bossé sur le film, mais Frédéric.

FRÉDÉRIC LAINÉ

Frédéric Lainé est cofondateur de L'Atelier 69 et peut se targuer d'une filmographie longue comme le bras, d'*Astérix & Obélix: Mission Cléopâtre* (Alain Chabat, 2002) à *Benedetta* (Paul Verhoeven, 2021) en passant par *Cloclo* (Florent-Emilio Siri, 2012) ou *World War Z* (Marc Forster, 2013). Malgré toutes ces références, il présente *Le Règne animal* comme «un projet à part, en or», et revient sur son long processus créatif.

Comment en êtes-vous arrivé à travailler sur *Le Règne animal*?

La production a appelé à peu près tous les ateliers de France et a fait des réunions avec tout le monde. L'idée était de nous sonder pour savoir comment on sentait le projet, sur la base du scénario et de dessins. Et ils ont bien fait: la première version qui nous a été présentée, c'était du Harry Potter! C'était rempli de créatures, avec une ambition absolument énorme. La séquence de fin, c'était une foule d'animaux qui sortaient du parc… Je pense qu'on a tous réagi de la même manière: en l'état, ce film était infaisable en France. Pas pour une question de savoir-faire, mais de quantité de travail par rapport aux effectifs existants.

Ils sont ensuite revenus vers vous avec une V2?

Il y a eu beaucoup de versions, avec plus ou moins de créatures. À un moment, Thomas Cailley en avait enlevé la moitié. Là c'était trop dommage ! J'étais déprimé. Il y avait un équilibre pas simple à trouver. Thomas y est parvenu, en se recentrant sur la relation entre le père et le fils. Pour autant, ça restait infaisable pour notre seul atelier. On leur a donc proposé de travailler avec d'autres maquilleurs et de se partager les effets, pour avoir une qualité optimale. C'est comme ça que Jean-Christophe Spadaccini a rejoint le projet. Il se trouve que je le connais bien, j'ai commencé chez lui il y a vingt-cinq ans sur *Les Rivières pourpres* (Mathieu Kassovitz, 2000), donc ça s'est très bien passé. On s'est globalement occupés des personnages principaux, tandis que Jean-Christophe s'est chargé de deux séquences, dont celle avec le morse qui se confronte à Romain Duris.

Il y a forcément un gros travail de préparation sur un film pareil ?

Il y a même eu une grosse préparation avant la préparation à proprement parler. Bien en amont, on s'est régulièrement réunis autour d'une table, avec les techniciens en charge des effets maquillage, des effets numériques et tous les chefs de poste. On prenait le storyboard vignette par vignette et on expliquait à Thomas ce qui était faisable, et de quelle manière. C'était fondamental de travailler comme ça, car le budget n'était pas non plus énorme, et il fallait mettre l'argent précisément au bon endroit, en fonction des besoins. Ça a aussi été un vrai apprentissage pour Thomas, car il avait assez peu conscience de la manière dont ces effets pouvaient être fabriqués. Il avait du mal à comprendre que si on voit un gros plan d'une patte d'oiseau qui marche, on fabrique une fausse patte mécanique ; si on le voit courir, il faut que l'acteur soit câblé. Il y a énormément de technique et de travail derrière chaque plan. On a aussi beaucoup discuté de la nécessité d'avoir recours à des effets numériques.

Il était réfractaire ?

Au début, oui. Il voulait un maximum d'effets artisanaux, du « vrai ». Le cauchemar pour lui, ça aurait été d'avoir un fond vert avec un mec tenant une boule bleue qui passe devant la caméra. Il voulait sentir la véracité des choses, avoir une présence des créatures sur le plateau. Je comprends évidemment, mais ce n'est pas toujours possible pour tous les plans. On marche forcément main dans la main avec les effets numériques. Le meilleur exemple de cette collaboration c'est *Jurassic Park* de Spielberg, il y a trentre ans !

Comment l'avez-vous convaincu ?

On a beaucoup discuté et on a regardé pas mal de films qui l'inspiraient : la saga *Alien*, les films de monstres des années 1980. Il voulait absolument laisser la place à la suggestion, à la mise en scène. Dès qu'on regardait des films plus contemporains, genre les derniers *La Planète des singes*, il trouvait ça super mal fait, trop numérique. Moi, je le trouvais hyper dur [rires] !

Vous êtes donc arrivés à un compromis ?

Forcément, oui. Dès que tu commences à mettre les mains dans le cambouis, tu te rends bien compte que ce que tu as initialement en tête est impossible à réaliser, à moins de tout confier à la postproduction après le tournage, ce dont Thomas ne voulait surtout pas. À raison : c'est le meilleur moyen de perdre ton film, que de le confier à quelqu'un d'autre.

Là, on est vraiment au cœur des relations parfois conflictuelles entre les ambitions artistiques, les possibilités techniques et les arbitrages financiers…

Complètement ! C'est ce qu'on appelle l'épreuve du réel, mais en même temps ça oblige aussi le réalisateur à se creuser les méninges, à justifier chacun de ses choix. Si tu as trop de budget, le risque c'est que tu t'en foutes et que tu poses la caméra n'importe où, puisque tu pourras tout gérer en postproduction… Quand tu as de l'animatronique, des maquillages, ça impose certains angles de caméra, une certaine lumière, des trucs et astuces… Ça t'oblige à te poser les bonnes questions, à bien penser ta mise en scène en amont. Les contraintes, ça a du bon !

**Concrètement,
sur quels personnages avez-vous travaillé ?**

Pour le fils, joué par Paul Kircher, c'était très subtil, il n'a jamais été question de grosse transformation. L'essentiel était de sentir les changements inhérents à l'adolescence. On a donc gardé ses boutons, par exemple. On devait sentir la transformation des dents, des ongles, les poils, le dos en trois étapes… Il y a eu aussi la mère, mais le gros du travail, ça a été l'homme-oiseau, Fix. C'était l'élément principal, car c'est la créature qu'on voit le plus alors qu'elle est la moins simple à réaliser. Les premiers dessins que l'on voyait passer, c'était de longues pattes d'oiseau qui impliquaient donc des échasses, plus des ailes au bout des bras. Des ailes dans le dos, c'est facile à cacher, mais au bout des bras ? C'était un sacré challenge et le film reposait quand même pas mal là-dessus. On a commencé à faire des silhouettes avec des maquettes en mousse ou en carton pour voir son envergure, sa mobilité, ses postures… On s'est très vite rendu compte qu'on ne pourrait pas fabriquer les ailes en entier, qui s'ouvrent et qui se ferment, avec les petites vibrations de plumes que Thomas voulait. Les trois quarts du temps, le numérique s'imposait naturellement.

Est-ce que Thomas Cailley venait voir l'évolution de votre travail, à l'atelier ?

Il passait souvent, très enthousiaste, avec une idée très précise de ce qu'il voulait, et j'ai souvent eu l'impression de lui dire que ça n'était pas réalisable. Genre la mère qui se transforme en ours, il voulait la voir courir, ce n'était pas possible. Je me sentais un peu comme un briseur de rêves. Le relou de service [rires] ! Mais bon, mon boulot c'est aussi d'anticiper tous les problèmes qu'on pourrait avoir sur le plateau. Exemple tout con : si le comédien veut aller aux toilettes, il faut qu'il puisse enlever ses ailes ; s'il a des prothèses collées et qu'il est câblé, une chute et c'est poubelle.

Toute cette phase de fabrication a pris combien de temps ?

Je dirais quatre bons mois, après la longue préparation dont je parlais qui a permis de déterminer la place de chacun et de valider le design des créatures. Pour la fabrication à proprement parler, on a eu le premier comédien en février et le tournage a dû commencer début juin. Avec Tom Mercier, qui joue l'homme-oiseau, c'était quelque chose…

C'est-à-dire ?

Il arrive le premier jour à l'atelier pour faire un moulage, on lui dit bonjour, il répond avec des cris d'oiseau [rires]. Mais fort hein, et très sérieusement ! C'était super bizarre et même un peu flippant : « Kikikikiki. » Le mec était habité, dans son rôle depuis des mois, il n'en sortait pas. J'ai appelé Thomas : « Il est chelou, le gars… », lui ai-je dit. Il faut avoir en tête que nous, on savait qu'on allait devoir travailler avec lui tous les matins. Et il s'est révélé adorable, incroyablement pro, carré et militaire. Tu lui disais de ne pas bouger, il ne bougeait pas d'un poil pendant cinq heures. C'est important parce que si un comédien ne se sent pas concerné, que ça le saoule, qu'il est sur son téléphone et fait un mouvement, il peut niquer ta prothèse en deux secondes.

Et pour l'enfant qui joue Grenouille, Maëlle Benkimoun ? D'autres problématiques se sont posées ?

Oui, car les horaires sont très encadrés pour les enfants. C'était maximum une heure trente de maquillage, deux heures de tournage. Donc on a seulement fabriqué la moitié des prothèses, jusqu'aux hanches, et le reste était entièrement en numérique.

Vous aviez forcément besoin des comédiens pour travailler ?

Ah oui, bien sûr. C'est pour ça qu'ils devaient vite être castés. Tu dois mouler leur visage, scanner leur corps, t'adapter à leur morphologie… Tu ne peux pas commencer à travailler si tu n'as pas le comédien. Sans lui ce n'est que du concept, tu n'as rien de concret. C'est quand tu commences à fabriquer que tu te rends compte des soucis qui vont se poser. Par exemple, pour l'homme-oiseau on a dû utiliser des plumes en plastique. Quand elles bougeaient, ça faisait « clac clac clac clac ». On a anticipé ça avec les mecs du son, on a fabriqué des sortes d'éventails avec des plumes dont ils se sont servis, au bruitage. Mais franchement, je ne vais pas vous le cacher, il y a eu des moments où on était super inquiets. Et puis après, le tournage commence, tu vois les images et tu es rassuré.

Vous étiez présent sur le tournage ?

Oui, même si ce sont les créatures de Jean-Christophe Spadaccini qui ont été filmées en premier. Le morse qui se bat avec Romain Duris, notamment, dès la deuxième semaine de tournage. Et je crois qu'au début, ça ne s'est pas super bien passé. Thomas s'imaginait encore des choses, il pensait que le morse aurait un certain poids, de la graisse, telle expression faciale… Des choses en réalité impossibles en maquillage, sans l'aide du numérique.

Il était super déçu, mais il s'est adapté, et le résultat est top, il était trop content. Là encore, l'épreuve du réel. Après avoir adapté ton écriture, tu adaptes ta mise en scène. Et puis le tout, mis bout à bout, fait que ça fonctionne. C'est de la magie, quoi.

Et pour les scènes vous concernant ?

La première qu'on a tournée c'est la mort de Fix, l'homme-oiseau. Franchement ça a été fluide, le tournage était déjà sur des rails, avec des habitudes. Et puis, on avait fait beaucoup d'essais en atelier. Avec le numérique, tout le monde était bien à sa place. Il n'y a pas eu de surprise, c'était carré en amont, et heureusement, sinon ton budget explose.

Vous intervenez au montage ?

Pas sur ce film. Les équipes en charge des effets numériques, oui, c'est évident, elles doivent être là pour certaines scènes. Nous, ce n'est pas forcément nécessaire.

***Le Règne animal*, c'est un projet à part pour vous ?**

Disons qu'on ne nous propose pas ça tous les quatre matins ! Pour nous c'était un projet en or, avec plein de techniques qu'on utilise depuis vingt ans, mais qu'on n'avait jamais pu exploiter sur un seul et même film.

Là, on les a toutes utilisées à fond : la prothèse ultra-réaliste pour le fils, avec la transformation de son visage ; la mécanique pour les ailes, ou pour des bouches de créatures qui s'ouvraient, façon les premiers *La Planète des singes* ; et l'animatronique avec la mère. Là on était comme des gosses, on faisait du Jim Henson[9] ! Il y a un vrai retour de l'animatronique depuis peu. On a utilisé tout le panel. C'était un kif énorme. Et puis on a fait venir pas mal d'étrangers, des Anglais, des Allemands, ça c'était chouette aussi.

Pourquoi faire venir des étrangers ?

Parce qu'il fallait beaucoup de gens disponibles et efficaces immédiatement ! En France, le vivier n'était pas assez important. Tu ne peux pas appeler trente personnes qui arrivent dès le lendemain. À l'atelier, on a un noyau dur d'une quinzaine de personnes, mais si tu veux avoir beaucoup plus tu dois regarder au-delà de nos frontières. En Angleterre, il y a un sacré vivier. Ils font un *Star Wars*, cent personnes arrivent. Le revers de la médaille, là-bas, c'est que dès qu'il n'y a plus de boulot c'est la panique.

9 Né en 1936 et mort en 1990, Jim Henson était l'un des marionnettistes les plus célèbres du cinéma et de la télévision. On lui doit entre autres créations l'émission *Le Muppet Show* (1976-1981) et le film *Dark Crystal* (1982).

La donne n'est pas en train de changer en France, depuis quelques années ?

Il y a clairement plus de travail. Et du travail intéressant ! Pendant des années, tout ce qu'on nous a demandé c'était de faire des faux nez, des faux bébés, des ventres de femme enceinte… C'est sympa, mais on ne va pas se mentir, les créatures c'est quand même plus marrant, c'est pour ça qu'on fait ce métier !

Manuel Dacosse

Le Belge Manuel Dacosse fait partie des chefs opérateurs que les réalisateurs s'arrachent. Fort d'une filmographie aussi dense qu'éclectique, il compte parmi ses collaborations les plus prestigieuses des cinéastes tels que Fabrice Du Welz, Lucile Hadzihalilovic, le duo Hélène Cattet et Bruno Forzani, Stéphan Castang, Nicolas Boukhrief ou encore François Ozon. Adepte du grand écart, jamais réduit à un style ou une approche spécifique, Manuel Dacosse considère pour autant que le cinéma de genre l'a considérablement «enrichi». Nul doute que l'inverse est tout aussi vrai.

Qu'est-ce qui vous attire dans un projet, en premier lieu ?

Le scénario. Je le fais lire à ma femme, j'en discute avec elle. Ensuite, je fais quelques recherches. Pour *Vincent doit mourir* (2023) de Stéphan Castang, par exemple, je suis allé voir ses courts et j'ai réalisé que même si c'était son premier long, il savait fabriquer un film. Il y a évidemment la rencontre avec le cinéaste, aussi. Il faut qu'on se sente, que ça *matche*, en matière de cinéphilie, mais aussi humainement. Un tournage, c'est parfois six mois de ta vie, ça peut virer au cauchemar… Après, il y a des cas à part: Hélène Cattet et Bruno Forzani, ce sont des amis depuis toujours; Fabrice Du Welz, j'adorais ses films et son chef opérateur habituel, Benoît Debie, donc j'avais la pression, mais j'étais honoré.

Le budget, c'est aussi un enjeu pour vous ?

Forcément, au niveau de la déco notamment, parce que ça a un impact sur mon travail. Tu peux faire la plus belle des lumières, si la déco ne suit pas, tes murs blancs resteront blancs.

Le découpage est une étape majeure. Comment ça se passe, par exemple avec le duo Cattet-Forzani ?

Hélène et Bruno ont une méthode qui leur est vraiment spécifique. Ils passent bien six mois à prédécouper tout le film, à deux. Il en ressort ce qu'ils appellent des bibles, des dessins 2D, que l'on regarde ensuite tous les trois pendant peut-être trois semaines. Je leur dis ce qui me paraît possible techniquement et je leur fais des propositions. On passe ensuite en revue le plan de travail et les décors, pour être le plus efficaces possible – c'est nécessaire, car sur leurs films, on tourne 30 à 35 plans par jour, parfois plus. C'est un système qu'on a mis en place depuis leurs courts-métrages et qui leur est propre.

Ça ressemble à une machine bien rodée.

Oui, surtout depuis *Amer* (2009) où l'on s'est bien

professionnalisés. Parfois, on travaille même sur deux plateaux en même temps : sur l'un on tourne, sur l'autre on prépare le plan d'après. Il faut forcément qu'on soit inventifs !

Sur leurs films, vous travaillez plus le cadre ou la lumière ?

Dans un premier temps j'essaie de réaliser les cadres qu'ils souhaitent, ce qui demande déjà une certaine aisance technique avec l'utilisation des bonnes focales. La lumière, c'est beaucoup plus abstrait, subjectif. D'abord, il faut qu'on se comprenne tous les trois : ils m'ont déjà demandé une « lumière douce », avec photos à l'appui, sauf que sur les photos, c'était tout sauf de la lumière douce. Mais c'est aussi à ce niveau que, chez eux, je me sens le plus libre de créer.

C'est un cinéma très référencé, qui se réclame des *giallos*[10] par exemple. Vous incitent-ils à en revoir ?

Non… Bon allez, si, j'ai revu *Suspiria* (Dario Argento, 1977) pour leur faire plaisir. On se connaît un peu : ils adorent les *giallos*, mais ils savent que je ne veux pas éclairer comme

10 Genre cinématographique mêlant l'horreur, l'érotisme et le thriller, essentiellement pratiqué en Italie dans les années 1960 et 1970. Mario Bava, Dario Argento, Lucio Fulci comptent parmi les plus grands noms du genre.

ça [rires]. Ça les embête quand je leur dis ça, mais moi je trouve ça mal éclairé ! Dans les couloirs on voit les ombres au sol, la déco c'est du carton-pâte… C'était aussi l'époque qui voulait ça, la sensibilité des pellicules était différente. Aujourd'hui, en termes de lumière on ne fait plus les choses de la même manière, donc je ne trouve pas ça évident de s'en inspirer. En revanche, en matière de cadre c'est déjà plus facile. On avait revu un vieux *giallo* pour *L'Étrange Couleur des larmes de ton corps*, on en a tiré un plan assez dingue avec la caméra fixée à une roue de carrosse.

Les films du duo Cattet-Forzani sont très différents les uns des autres, façon laboratoire d'expérimentations…

C'est ça qui est passionnant, on essaie des choses à chaque fois. Au début ils étaient hyper réfractaires au numérique par exemple, ils voulaient absolument tourner en pellicule. Ils ont finalement essayé sur *L'Étrange Couleur des larmes de ton corps* et ils ont adoré. Il peut y avoir des flammes au premier plan, des poussières qui volent… Leurs plateaux sont toujours franchement marrants, c'est expérimental, parfois a priori incompréhensible ou arbitraire – « On veut éclairer en rouge, en vert, en bleu » ; « Mais enfin, pourquoi ? » Ils m'ont poussé dans cette direction-là, comme Fabrice Du Welz plus tard, et c'est certain que ça m'a formé. Ce qui est amusant c'est que tu peux ensuite te permettre d'introduire de l'expérimental dans des films de facture a priori plus classique, comme chez François Ozon par exemple. On voit bien que les néons bleus, rouges ou verts, entre autres, se sont fait une place dans ce cinéma-là.

Ces expérimentations et tentatives diverses, elles proviennent souvent du cinéma dit de genre ?

Carrément. C'est ce que je dis toujours à mes étudiants : j'ai eu la chance de commencer avec le cinéma de genre, ça m'a bien plus enrichi que si j'avais commencé avec du cinéma social. Le cinéma social, réaliste, je peux en faire maintenant, aucun souci. Faire le trajet inverse, ça aurait probablement été beaucoup plus compliqué. Si tu as déjà tes habitudes en tant que chef opérateur, c'est très difficile de t'entendre dire : « Tiens, l'ampoule elle va s'éclairer en rouge » ; « Mais pourquoi ? » ; « On s'en fout de pourquoi, c'est juste parce que c'est beau… » Dans le cinéma de genre, on se met beaucoup moins de limites, on peut tout se permettre. Et les erreurs sont aussi bien plus tolérées, il y a moins de codes de lumière.

Comment s'est faite la rencontre avec Lucile Hadzihalilovic ?

C'est assez cool ce qui s'est passé avec Lucile. *Amer* était mon premier long, qui a été vu par les bonnes personnes.

J'ai reçu un coup de fil de Gaspar Noé, qui m'a mis en contact avec Lucile, sa femme. On s'est rencontrés tous les trois à Paris, on a discuté, puis plus rien pendant plus de deux ans. Elle est finalement revenue vers moi et on a fait un court ensemble. On s'est rendu compte qu'humainement ça *matchait* bien et on a enchaîné sur le long.

Elle a une méthode proche de celle du duo Cattet-Forzani ?
Globalement, oui. C'est la même approche. Elle m'a montré des films que je ne connaissais ni d'Ève ni d'Adam [rires]. Elle découpe de la même manière qu'eux. En revanche, elle a des règles très strictes : le cadre ne doit jamais bouger et il ne doit y avoir aucune lumière de cinéma sur le plateau. Comme chez Gaspar, d'ailleurs. Là, tu dois bien travailler avec le chef déco pour que la lumière soit intégrée au décor. Si tu fais un plan large et que tu vois une ampoule, alors les gros plans qui suivront seront éclairés avec cette ampoule. À la limite, je peux m'arranger et essayer de discrètement la bouger, mais c'est tout… *Évolution* (2015), je l'ai littéralement éclairé avec rien de plus qu'une ampoule, deux-trois néons et de la fumée. C'est un exercice, d'autant plus que Lucile adore les couleurs : le jaune, le vert… Donc tu peins les murs avec ces couleurs par exemple, ça aide. Et tu améliores ça à l'étalonnage.

Ça ressemble à un vrai dogme…

C'est un dogme. Fabrice Du Welz peut aussi avoir cette approche : le plateau est sacré, donc il ne doit pas y avoir de pied d'éclairage. Par contre, quand on est en extérieur avec Fabrice, là c'est plus libre. Chez Lucile, non. Il faut trouver de nouveaux systèmes ! En plus, ces cinéastes ont en commun d'être assez directs : s'ils n'aiment pas un cadre ou une lumière, ils te le disent sans ambigüité. Tu sais dans quelle direction tu dois aller, et c'est toujours eux qui l'emportent. J'ai un ego, comme tout le monde, mais je sais lâcher. Hélène et Bruno m'ont déjà proposé de filmer « ma » version d'un plan, et la leur. Je leur ai dit : « Arrêtez les gars, vous savez très bien que vous allez garder la vôtre au montage, ne perdons pas de temps… »

Il y a pas mal de plans subaquatiques dans *Évolution*. C'était un challenge ?

C'était même un enfer. Déjà moi, je n'ai pas les capacités de le faire, donc on travaille avec un cadreur qui est sous l'eau. On l'écoute beaucoup parce que c'est lui qui a la main et qui nous dit ce qu'on peut faire ou pas. Nous, on est sur un bateau avec un retour image, mais le bateau bouge, donc on est malades. À la fin, je me mettais moi-même dans l'eau – pas sous l'eau – avec le retour image. L'expérience a été compliquée et ça prend beaucoup de temps : c'est une moyenne de deux à quatre plans par jour.

Comment avez-vous commencé à travailler avec Fabrice Du Welz, sur *Alleluia* (2014) ?

Son chef opérateur habituel, Benoît Debie, n'était plus disponible. À l'époque, en Belgique tout le monde voulait faire comme les Dardenne, alors il n'y avait pas beaucoup de chefs opérateurs estampillés « genre ». Fabrice avait en plus été impressionné par *Amer*. J'ai dû abandonner un film en cours de route, j'étais vraiment désolé, mais je voulais absolument travailler avec Fabrice. On s'est rencontrés, il m'est pas mal rentré dedans, il est taquin : « Tu vas voir, avec moi tu vas pas éclairer comme avec les autres ! » Il m'a montré *Klute* (Alan J. Pakula, 1971), qu'on adore tous les deux, mais aussi les films éclairés par Gordon Willis ou Harris Savides… Ensuite je suis parti en repérage avec lui et une partie de l'équipe, pour prendre des photos. J'ai été très méticuleux, j'ai suivi ses règles de lumière, j'ai bien soigné le cadre et l'étalonnage, comme si c'était un plan de cinéma. Je voulais l'impressionner, je savais qu'il avait encore un petit doute à mon sujet. Ça l'a fait, mais les deux premières semaines de tournage n'ont pas été simples – dès que je faisais une construction lumière, il me la faisait démonter. Ça fait partie du jeu. C'est la première fois qu'il travaillait avec un autre chef opérateur, je crois qu'il était un peu en stress. Une fois que les premiers rushs sont arrivés, ça a roulé.

L'image des quatre films faits avec Fabrice ont en commun d'être particulièrement granuleuse…

Oui… Honnêtement, je crois que lui comme moi avons été surpris par le grain sur *Alleluia*. On voulait certes du grain, un truc très « matiéré », mais c'était trop. On avait un peu trop poussé les curseurs, on s'est calmés pour les suivants. C'est l'amour du cinéma des années 1970, quoi ! Hélène et Bruno m'ont appris les couleurs, ils m'ont poussé dans ces zones-là ; mais Fabrice m'a vraiment appris à investir l'image de matières – de la poussière, de la fumée, de la pluie, les murs qui brillent…

Et il n'a jamais eu envie de cadrer à votre place, comme c'est le cas de pas mal de cinéastes ?

Franchement, je crois que s'il avait pu, il l'aurait fait. Mais il est très vivant sur un tournage, il parle énormément aux acteurs, il a une grande énergie. Il est un peu trop nerveux et enthousiaste pour cadrer… Le cadre, c'est strict !

Venons-en à *Vincent doit mourir* et Stéphan Castang…

Pour être franc, sur ce film-là je n'étais pas le premier choix. Cassandre Warnauts, la coproductrice, avait proposé Ruben Impens, qui a fait la lumière des films de Julia Ducournau. Ça ne s'est pas fait, alors ils ont proposé à mon assistant-caméra, avec lequel ça ne s'est pas fait non plus. J'ai fini par atterrir sur le projet, mais ça ne collait pas niveau timing, car je tournais *Mon crime* (François Ozon, 2023) au même moment. Finalement, le tournage a été décalé et c'était parti. On a commencé par un long travail de découpage avec Stéphan, une fois par semaine, en visio.

C'est dans votre habitude de beaucoup répéter ?

Ça dépend du budget. Sur *Vincent doit mourir*, non. Mais idéalement, oui. Avec François Ozon par exemple, on peut se le permettre. Mais ce n'est pas toujours possible, c'est même rare, tu n'as pas toujours les comédiens sous la main par exemple. Le plus souvent, c'est un travail fait directement sur le plateau au moment de tourner. Le numérique a favorisé ça, tu peux filmer tant que tu veux et tu verras ensuite. Avant, ça coûtait de la pellicule…

Dans *Vincent doit mourir*, il y a une scène intense de combat dans une fosse septique, longue et éprouvante.

Quels souvenirs en gardez-vous ?

On avait une idée de découpage avec Stéphan, il y avait des choses qu'on voulait choper, mais tout n'était pas décidé. Quand c'est comme ça et que je ne suis pas sûr, j'aime bien avoir deux-trois caméras. Je me suis dit que s'il y avait un accident, au moins on aurait plusieurs axes. On avait une caméra sur une grue, pour aller chercher partout – en bas, en haut. Il faut juste accepter qu'il y ait un angle mort. Et il y avait une deuxième caméra, en plus longue focale. La scène s'est écrite au fur et à mesure, jusqu'à ce que les deux acteurs soient couchés au sol. C'était vraiment un travail d'endurance pour eux. Moi ça va, j'étais assis derrière la grue à la manivelle… Au début, il était question que j'y aille à l'épaule, mais j'allais être bloqué tout de suite dans la boue. Pour un gros plan, un truc de présence, pourquoi pas. Mais pas plus.

Stéphan a accepté cette proposition ?

Initialement, il avait en tête beaucoup de plans à l'épaule pour tout le film. Un truc très cru. Moi, j'imaginais plus des choses au Steadicam[11]. Ça a fini par être un mélange des deux. J'adore l'épaule, ça permet de tourner vite, mais

11 Système de stabilisation de caméra, qui permet d'avoir des prises de vues sans heurts y compris en mouvement.

parfois il faut trouver un équilibre. On a aussi beaucoup utilisé les accroches, avec la caméra arrimée à un véhicule, à la *French Connection* (William Friedkin, 1971). C'est super payant.

Et la scène de l'autoroute ?

Le décor est arrivé très tard, deux semaines avant le tournage. On pensait avoir trois jours pour tourner la scène, finalement ça a été deux. On s'est adaptés, on a retravaillé le découpage. Quand le personnage principal joué par Karim Leklou est perdu dans la fumée, on ne savait pas trop comment le gérer, on a mis un gros zoom et on a cherché quelles focales utiliser. Ça par exemple, ça vient de ce que j'ai appris chez François Ozon, qui travaille beaucoup au zoom. Ça circule entre des cinémas qui n'ont rien à voir, c'est amusant.

C'est un mélange d'hyper préparation et d'adaptation aux circonstances…

Absolument. Et parfois il y a des choses, tu te dis que tu ne peux pas passer à côté. Un orage, du vent… Tu ne vas pas attendre que ça passe, il faut l'employer. On a beaucoup fait ça sur *Alleluia*. D'un coup il se met à dracher et tu te dis qu'il faut filmer.

Êtes-vous présent au montage ?

Le truc, c'est que j'adore ça et j'ai plein de potes monteurs… Donc oui, je passe une tête, même quand je ne suis pas invité ! Je n'ai pas vraiment d'influence directe sur le montage final, c'est juste que certains cinéastes me demandent mon avis et que ça me plait beaucoup. François Ozon me dit de venir, avec lui il y a une vraie discussion. Sur l'étalonnage en revanche, puisqu'il s'agit de couleurs et de lumière, j'ai plus mon mot à dire…

Sébastien Vaniček

Sébastien Vaniček est l'un des jeunes fleurons du cinéma de genre français. Après plusieurs courts-métrages faisant office de laboratoires et de terrains d'expérimentations, celui qui n'est jamais passé par les bancs d'une école de cinéma réalise *Vermines*, en 2023 : un film de monstres en quasi-huis clos, tout aussi spectaculaire que maîtrisé, sur une attaque d'araignées dans un HLM de cité. Le film, présenté à la Mostra de Venise, s'est fait remarquer en France, mais aussi à l'international, puisque Vaniček s'apprête à tourner, en 2025 et sous l'égide de Sam Raimi, sa version du cultissime *Evil Dead*. Rencontre avec un franc-tireur à la carrure de rugbyman, dont le profil de *self-made man* détonne et surprend pour le meilleur.

Vous revenez de Los Angeles, où vous avez eu plusieurs réunions préparatoires au tournage de votre version d'*Evil Dead*. Voyez-vous une différence de traitement des films de genre, entre la France et les États-Unis ?

En France, il y a longtemps eu un schisme entre le cinéma d'auteur et le cinéma de genre. Ceux qui faisaient du genre pouvaient rarement être, aussi, des auteurs. J'ai l'impression que ça évolue, notamment avec l'arrivée de cinéastes comme Julia Ducournau, qui se positionnent clairement comme auteurs. Je crois que cette séparation entre le genre et l'auteur est un problème très français. Aux États-Unis, ils ne se sont jamais posé cette question : Spielberg fait du cinéma de genre et du cinéma d'auteur, depuis toujours. C'est pareil en Corée.

Adolescent, quelle était votre cinéphilie ?

J'étais plus occupé à faire des courts qu'à mater des films… Mais quand je me déplaçais dans la salle de Noisy-le-Grand où j'habitais ado, c'était un vrai événement. Et j'ai gardé la même approche une fois adulte. Même si c'est un film sur Netflix, je fais ça bien, pas de téléphone ni rien ! Je sais bien que j'ai des carences dans ma cinéphilie. J'ai pas toutes les réf'. Mais ça m'a aussi peut-être épargné de faire du cinéma « à la façon de ». J'ai l'impression de développer ma propre griffe.

Vous n'avez pas fait d'école de cinéma ?

J'ai mis les pieds en fac de cinéma, c'était horrible. J'ai mis les pieds ensuite dans une école de cinéma, c'était horrible aussi. Je ne suis pas du tout fait pour ça. J'ai appris en faisant, et j'apprends encore aujourd'hui. J'ai commencé avec ce que j'avais, à savoir un caméscope. Je faisais du tourné-monté, je n'avais pas de logiciel de montage. J'ai ensuite filmé avec mon téléphone. Il se trouve que c'était l'époque du *found footage*, alors j'ai fait quelques trucs à cette sauce. Comme l'image était dégueulasse, je réfléchissais à la meilleure manière de l'utiliser. Je me disais que si l'image était dégueulasse, le montage et le son devaient être parfaits. J'ai passé énormément de temps à travailler le son, et je me suis rendu compte que parfois on écoute davantage les films qu'on ne les regarde. C'était le son qui me permettait de vraiment ressentir, et de faire ressentir quelque chose. J'aurais pu apprendre la technique, mais j'ai plutôt essayé d'expérimenter : si j'ai ressenti ça, c'est grâce à ça… Ça a été ma méthode. J'ai fait plein de courts pourris, et c'est en comprenant pourquoi c'était pourri que je me suis amélioré.

Pouvez-vous nous raconter la genèse de *Vermines* ?

Mon producteur Harry Tordjman m'avait repéré en 2013, dans un festival de films réalisés avec un téléphone. Il était dans le jury et j'ai eu un prix. Il a ensuite toujours gardé un œil sur moi, de loin. Moi, j'avais un taf alimentaire et je réalisais des machins que je mettais sur Internet. J'ai ensuite fait trois ou quatre courts-métrages un peu plus vener', et Harry m'a finalement proposé de réfléchir à un long. J'ai d'abord eu l'idée de base : la trame, les personnages, la fin. J'ai écrit 5 ou 6 pages, comme ça. Sur cette base, accompagnée de mes dessins, avec Harry on a rencontré deux personnes de Netflix pour leur pitcher le projet. Elles étaient très réceptives et m'ont demandé un scénario pour le mois suivant. J'ai alors dit à mon pote Jérôme Niel, qui jouait dans pas mal de mes courts, que j'avais besoin de quelqu'un pour écrire les personnages – pour ça j'ai clairement des carences. Sur la structure du film aussi, je ne me sentais pas d'écrire seul. Il se trouve que Jérôme est un pote de Florent Bernard[12]. Il lui a envoyé un SMS, il était chaud pour participer – c'est un ouf de cinéma de genre. De cinéma tout court, d'ailleurs. Ensemble, on s'est tués pour rendre une première version. Les deux personnes chez Netflix ont validé et nous ont dit qu'elles souhaitaient que le film sorte en salles, alors qu'on pensait faire un original pour la plateforme. Par contre, on n'a pas eu le CNC – leur logo est sur l'affiche parce qu'en toute fin de parcours, ils nous ont accordé un peu d'aide pour les effets spéciaux…

Concrètement, comment travaillez-vous avec Florent Bernard ?

On fait la même chose pour *Evil Dead* que pour *Vermines* : on se voit sans contraintes, sans horaires. On parle d'abord de l'ADN du projet. Il me pose beaucoup de questions : de quoi j'ai envie, où je veux aller... Puis on s'attaque aux personnages. On peut passer un ou deux mois uniquement sur eux, à développer des fiches. On les construit, on les complexifie, ça prend du temps, on

12 Scénariste et réalisateur français, dont le premier long-métrage, *Nous, les Leroy*, est sorti en 2024. Il a également coécrit les séries *La Flamme* (2020) et *Le Flambeau* (2022) de Jonathan Cohen.

est dans la nuance. On ne veut pas de personnage schématique, facilement identifiable; une meuf attachante pourra être, à un moment, casse-couilles. On a des retours parfois critiques: « C'est dommage, on ne comprend pas ses motivations, elle est sympa et d'un coup, elle change ! » Bah oui, c'est ça un personnage complexe ! On ne sait pas trop sur quel pied danser. On essaie aussi d'amener tout ce qu'on voit autour de nous. On observe nos potes, notre famille. C'est ça qui est marrant: avec Flo, on se connaît maintenant très bien parce que quand on parle des personnages, on parle de nos vies privées. Et tous les deux, on adore les personnages de *losers*.

Vous évoquez la caractérisation des personnages.
Et pour ce qui est de leurs réactions, dans le feu de l'action ?
De la structure ?

C'est alors un autre exercice: Florent défend les personnages, et moi je les attaque. C'est très concret: comme je pense en termes visuels, j'imagine les pires situations pour les personnages, je les mets dans des galères, de manière à ce que le spectateur se demande comment il s'en sortirait à leur place. Pour que ça soit marrant, il faut mettre les exigences au plus haut ! Florent, à l'inverse, pense à leurs réactions en fonction de leur caractère, et essaie de les sortir de là. Un personnage peut disparaître, sans qu'on l'ait vraiment maîtrisé ou décidé. C'est comme ça qu'on a perdu Jordi, joué par Finnegan Oldfield, au milieu du film ! On ne voyait pas comment il pouvait s'en sortir à ce moment-là.

Donc vous travaillez à deux, dans la même pièce ?

Tout à fait : je le vois écrire sur son ordinateur, ça s'affiche sur le mien en même temps – on peut voir tout de suite si les didascalies collent. J'aime beaucoup qu'on ressente ce que je vais faire en mise en scène dans les didascalies. Je garde en tête que ça va être lu par le chef décorateur, les acteurs… Plus je donne à voir ce que j'ai en tête, mieux ça sera. Du coup, j'ai un vocabulaire assez précis : je donne beaucoup de détails sur les décors, la couleur du papier peint, son état, tout ça, pour que les collaborateurs qui lisent le scénario aient un maximum d'infos. En plus, Florent et moi on n'est pas des fétichistes de l'objet scénario, on n'y est pas attachés comme à une œuvre d'art, on sait bien que ça va finir par terre sur un plateau, c'est juste une étape, un outil de travail ; donc on écrit avec le plus de précision possible une première version, de sorte que chacun puisse nous faire des retours. Et on fait ça vite, pour qu'on ne soit pas trop attachés sentimentalement au scénario [rires].

***Vermines* est un film ancré socialement : l'histoire se passe dans une cité à Noisy-le-Grand. Diriez-vous qu'il s'agit aussi d'un film politique, d'un portrait en coupe de la France ?**

J'ai grandi à Noisy, ça a toujours été le paysage de mes courts-métrages ! Concernant *Vermines*, je voyais beaucoup de films de banlieue auxquels je ne m'identifiais pas. On en donne toujours une mauvaise image avec ces putains de trafics de drogue, ces putains de violences policières. Ce sont toujours des drames réalistes, assez frontaux. Moi, j'ai grandi avec le cinéma américain et coréen dans lequel on te fait comprendre les choses sans te les montrer frontalement. *Get Out* (Jordan Peele, 2017) par exemple, c'est une excellente manière de parler du racisme. En suivant cette logique, je me suis rendu compte que les stéréotypes sur la banlieue pouvaient facilement s'incarner via les araignées, qui sont stigmatisées et jugées selon leur apparence. Personne ne peut expliquer pourquoi il a peur d'une araignée. Le parallèle était donc assez automatique : les boîtes dans lesquelles on les enferme pour qu'elles ne s'échappent pas, les a priori… On se rend compte, grâce à ces insectes, que les problèmes ne viennent pas tant de l'intérieur que de l'extérieur de la boîte. C'est en enfermant les gens entre eux qu'on crée les problèmes. Moi, je connais ce 93, j'y ai grandi et j'avais envie d'en donner une image positive avec des gens qui s'aiment, qui prennent soin les uns des autres, qui sont polis et savent aligner deux mots – même si ça a gêné des gens qu'il y ait des « wesh » et du verlan, mais j'en ai rien à foutre, on parle comme ça et ça ne veut pas dire qu'on est des cassos !

C'est excitant d'apporter de l'imaginaire, du mythe, dans des univers habitués aux traitements réalistes ?

Bien sûr. C'est un peu comme Neill Blomkamp dans *District 9* (2009), il prend les *townships* de Johannesburg qu'il connaît bien et y ajoute un vaisseau spatial. Normalement, les vaisseaux sont au-dessus du Pentagone ou de New York ; moi, j'en avais jamais vu dans des bidonvilles ! Je pourrais aussi citer *Attack the Block* (Joe Cornish, 2011), situé dans une cité anglaise envahie par des aliens. La grosse référence pour les films d'araignées c'est *Arachnophobie* (Frank Marshall, 1990), mais l'histoire ne fonctionne pas je trouve. Ils sont dans un village, donc pour échapper aux araignées, eh ben… Il suffirait de quitter le village ! Rien ne justifie de rester. L'immeuble de banlieue que je connais, tu peux y être pris au piège ; ça n'a rien à voir. Surtout depuis les confinements, c'est d'autant plus crédible. Avant la pandémie, je pense que l'adhésion du public aurait été plus compliquée.

Vous avez écrit pour des acteurs et actrices en particulier ?

Il n'y avait que Jérôme Niel que nous avions en tête. On écrivait de manière à ne fermer la porte à rien : pas de morphologie, ni de couleur de cheveux ou de peau. Rien. Je ne voulais pas non plus que ce soit un sujet – si je mets une couleur de peau, ça devient un sujet. On m'a souvent parlé de la diversité dans *Vermines*, me disant que c'était génial : je ne comprends pas cette remarque, c'est juste la France que je connais, dans laquelle j'ai grandi. Je n'ai pas casté dans l'idée de faire quelque chose de diversifié. C'était juste les meilleurs pour ces personnages.

Vous avez retravaillé les dialogues avec les acteurs ?

Oui, après le casting, j'aime faire des passes de réécriture avec les comédiens, ça fait aussi partie de leur job. On fait beaucoup de lectures, autour d'une table, à l'italienne. S'ils ne sentent pas une réplique ou me disent qu'ils pourraient dire la même chose avec le regard, trop bien, on change. Je prends l'exemple de Sofia Lesaffre, qui interprète une policière municipale. Son personnage a vraiment changé lors des lectures, elle a pris beaucoup plus de force jusqu'à devenir la plus puissante en termes de survie pure. Elle devient héroïque. Et puis parfois, on n'est pas d'accord et on en discute. Alexandre Aja me disait que pour un film de genre, si un acteur a un problème avec une réplique ou une situation, il faut absolument l'écouter parce que quelqu'un, dans la salle, aura forcément le même problème. Dans ces cas-là, c'est à moi de trouver autre chose. Le public ne doit pas se sentir plus intelligent que les personnages.

Vous avez ensuite répété avec les comédiens, dans les décors.

On a tourné en studio, à Bry-sur-Marne. Les gars en charge des décors y travaillaient jusqu'à 18 heures ou 19 heures, et dès qu'ils partaient, on venait avec les acteurs. On lisait les scènes dans la cuisine, la salle de bains… Avec le chef opérateur, ça nous permettait aussi de placer les acteurs dans ces espaces. Et eux ressentaient d'autant mieux l'atmosphère du film.

C'est un vrai avantage de tourner en studio ?

Carrément. On avait tout sur place : lumières, décors, loges, cantines. On a tourné en un mois ce qui en aurait pris deux en décors extérieurs. Ça a été le flair du producteur de mettre de l'argent sur la déco.

Il y a beaucoup de mouvements de caméra et donc une précision de jeu millimétrée. Comment travaillez-vous avec les acteurs ?

Je fais des storyboards, j'ai 150 pages de moodboard en plus du scénario. Comme ça les acteurs ont tout : les costumes, les coupes de cheveux, les maquillages. Et en mettant leurs habits, ils entrent pleinement dans le personnage. L'autre truc, c'est que je leur attribue une couleur qui les reflète : Lila est en violet, Manon en feu… Et puis il y a des petits détails : Kaleb et Manon ont des chaussettes dépareillées parce qu'ils sont frère et sœur, vivent ensemble et se prêtent leurs chaussettes sans le savoir. C'est un moyen de les lier – personne ne le voit, mais eux, les acteurs, le savent. Par ailleurs, comme je storyboarde, ils savent assez précisément où est la caméra.

Vous cadrez vous-même ?

La moitié du film, à peu près. Toutes les séquences à l'épaule, c'est moi. Je peux d'autant mieux diriger les acteurs. Je coupe, je leur parle directement et on y retourne. Pour le plan-séquence où on monte cinq étages, je cours avec eux. Ça donne une énergie, on est en osmose les uns avec les autres. Je ne reste pas à distance en disant « action ! » avec eux qui doivent courir et hurler, puis « coupez ! » On est en tension tous ensemble et ils ressentent cette énergie. Je crois vraiment à ça : l'énergie du cadre, l'énergie du montage, l'énergie des acteurs. L'électricité qui passait sur le plateau était ce que je voulais le plus maitriser. Je dessine, je prépare, mais c'est dans l'action qu'on chope l'électricité. J'ai l'impression que c'est ça mettre en scène : gérer l'électricité de tout le monde pour réussir à en tirer le meilleur au même moment. C'est compliqué, car les acteurs ne sont pas tous les mêmes, certains ont besoin d'une prise, d'autres de plusieurs. Dans la scène après la mort de Jordi, ils sont enfermés. On voit la douleur de Lila, de Kaleb. Il a fallu structurer la scène de manière à avoir le meilleur de chacun au bon moment. Je savais qu'il fallait démarrer avec Jérôme Niel, puis Théo Christine jusqu'à Sofia Lesaffre et enfin Lisa Nyarko, parce que l'énergie n'allait faire qu'augmenter. Jérôme communique à Théo qui communique aux filles : et au final, elles prennent l'énergie des deux. Quand Théo jouait, les filles commençaient déjà à pleurer ; je les sentais dans mon dos. Et puis on avait une lumière presque globale qui nous permettait quasiment de tourner à 360 degrés sans interruption.

Et quand l'énergie ne prend pas ?

Vous vous souvenez du plan en travelling arrière à 360 degrés, de vingt mètres de long ? On devait le tourner à l'envers – dans le film on recule, mais on l'a tourné à l'endroit parce qu'il ne fallait pas défoncer la déco avec toutes les toiles d'araignées. J'ai dit aux acteurs de ne pas trop bouger, d'éviter les mouvements de tête parce que ça peut faire un effet bizarre. Pareil pour le clignement des yeux, à l'envers ça se voit. C'était super dur pour eux, et moi à ce moment-là j'étais à 100 % dans la technique. Je ne pouvais pas passer ma journée à les diriger. On a mis quatre ou cinq heures à faire ce plan, ils pétaient un plomb à force d'être enfermés dans ce petit espace. Ça s'est mal passé, à un moment ils se sont déconcentrés, ça partait dans tous les sens, ça rigolait. Dans ces cas-là, il faut des qualités de coach ou de capitaine – j'ai de la chance, j'ai fait vingt ans de rugby. Je leur ai fait faire une pause, et je suis allé voir le directeur de production pour lui dire qu'après ce plan, ce serait fin de journée, on n'y arriverait pas, il fallait remettre au lendemain. Puis j'ai pris les acteurs à part, dans les loges, pour leur dire qu'ils ne me respectaient pas, qu'ils ne respectaient personne, qu'ils faisaient leurs petites stars alors que tout le monde se défonçait – le chef opérateur, les machinos… Je les ai un peu embrouillés quoi, et ça leur a fait du bien. Il y a eu un avant et un après. D'un coup c'était à la vie à la mort, on était prêts à aller au bout ensemble.

À l'inverse, est-ce que les comédiens pouvaient vous faire des retours ?

Carrément, je suis complètement ouvert. C'est arrivé d'ailleurs : dans le parking, comme j'étais focus sur Kaleb et Mathys, je n'avais pas anticipé où placer Manon et Lila. Elles étaient un peu en carafe. Je leur ai dit que de toute façon, elles ne seraient pas à l'image. Et je me suis rendu compte qu'il ne faut surtout pas dire ça à un comédien : il est quand même dans la scène, doit ressentir les choses, être investi. À la pause déjeuner, on s'est assis, elles m'ont dit qu'elles ne comprenaient pas, qu'elles avaient la sensation d'être laissées de côté. Et elles avaient raison.

Comment procédez-vous au montage ?

Une équipe démarre le montage après une semaine de tournage, pour que je puisse m'assurer que mes plans fonctionnent. À ce stade, c'est plutôt la scripte qui est en contact avec les monteurs. Moi, je fais juste un point une fois par semaine. Dès la fin du tournage, je découvre une sorte de bout à bout très long, très moche, très dur à voir, qui te fait perdre confiance en ton film. Tu prends un moment de réflexion, tu te recentres puis tu mets les mains dedans. C'est compliqué pour les monteurs, ils ne savent pas toujours pourquoi tu fais tel ou tel plan, pourquoi tel gros plan. Ils ont un maximum d'infos, mais ils ne sont pas dans ma tête. Ils n'ont pas non plus le son, les musiques que je veux mettre. La scène de la salle de bains, je l'ai montée moi-même, tout comme les caméras épaule et l'ensemble des scènes d'action. En revanche, j'ai beaucoup travaillé avec une monteuse les scènes de dialogue, pour amener les personnages au bon endroit, respecter leurs arches, les entendre parler, s'écouter. C'était hyper enrichissant.

On entend souvent qu'il est plus difficile de monter une scène de dialogue avec des champs-contrechamps, qu'une scène d'action…

Complètement ! C'est pour ça que les scènes d'action, je me sentais de les monter. J'ai filmé, je connais, il n'y a pas d'enjeux de dramaturgie. Par contre, quand cinq personnages discutent intensément de ce qu'ils doivent faire, c'est plus compliqué. On avait beaucoup de rushs, des plans sur chacun, en gros plans, en plans moyens… Il y avait de la matière.

Vous tournez des plans d'écoute de chaque personnage, en plus de celui qui s'exprime ?

Oui, c'est du théâtre, on est dans le décor tous ensemble. C'est toujours pour ces questions d'électricité et d'énergie, je sais qu'ils ont besoin de se sentir les uns les autres. Même si un personnage a une toute petite intervention, je tiens à ce que tout le monde soit là, je tiens à ce que les regards fonctionnent. Je sais qu'ils communiquent tellement en énergie qu'il ne faut pas les empêcher de jouer ensemble. Je croyais naïvement, sur mes courts, qu'on pouvait prendre un bout de dialogue là, un autre ici et que l'important c'était le collage. En fait, je me suis rendu compte de l'importance de cette continuité dans l'énergie en bossant avec Nassim Gordji Tehrani, le chef monteur. Charge à moi, au tournage, de bien connaître chacun, de débuter en plan serré ou en plan large sur l'un ou l'autre, parce que je sais qu'il ou elle démarre bien, et continuer sur un autre parce que pour lui, c'est mieux après la cinquième ou sixième prise. Ou alors, de commencer par filmer le personnage qui a le moins de dialogues pour que les autres se chauffent, pour qu'ils soient prêts quand on sera sur eux.

De vraies nouveautés se sont décidées au montage ?

Oui. Par exemple, Nassim a eu l'idée d'ajouter des plans d'insectes en panique quand Kaleb place l'araignée dans sa boîte à chaussures. Il a senti le truc, il a eu cette intuition. J'ai dû retourner filmer des cloportes… Je leur soufflais dessus pour qu'ils se cachent ! Et je lui ai ramené cinq plans qui sont dans le film.

Comment avez-vous travaillé sur les effets spéciaux ?

Je les ai préparés avec précision : j'ai fait un storyboard hyper précis pour savoir exactement le nombre de plans nécessitant des effets numériques créés par Mac Guff, ou bien de « vraies » araignées en plastique fabriquées par L'Atelier 69. J'utilisais au maximum les vraies, et l'équipe de Mac Guff était sur le plateau pour réfléchir avec moi à la meilleure façon de faire. C'est important d'avoir conscience du budget, de l'argent qui est dépensé pour faire au mieux. Par exemple, pour le plan-séquence dans les escaliers, j'ai dit à Mac Guff que je ne voulais pas couper la montée des cinq étages avec les acteurs, et que je voulais des araignées sur les murs en effets spéciaux. Et je ne voulais pas d'images stables : je voulais sentir les escaliers, le chaos. C'est pour ça que j'ai tourné à l'épaule, parce que je ne trouvais pas l'énergie que je voulais dans le premier essai en Steadicam. Ça a rendu les choses très compliquées pour Mac Guff : ils ont dû faire du *tracking*, c'est-à-dire suivre la caméra sur plusieurs étages et ajouter plein d'effets. Toute la montée des escaliers a été scannée puis reproduite en 3D, de façon à placer les araignées. Ils ont même dû simuler le hors-champ, pour qu'on comprenne la peur des personnages. C'est un travail monstrueux, ce sont des plans qui sont chers ! Pareil pour le travelling arrière dont on parlait plus tôt : il y a des milliers d'araignées qui ont toutes leur constitution, leur taille, leur poids, qui ne se déplacent pas de la même manière. Il fallait tout modéliser, ajouter des toiles à gauche à droite. Certaines araignées passent devant la toile, d'autres derrière… C'est énorme. D'autres effets étaient plus simples, ce qu'on appelle les multipasses : par exemple, dans la douche, quand plein d'araignées sortent du siphon. On filme juste la même araignée plusieurs fois, en plan fixe, qui part dans des directions différentes, et ensuite on superpose les plans. Ça fait le taf !

On sait l'importance du son dans le cinéma de genre. Dans *Vermines*, un son peu perceptible mais central est celui des araignées. Comment l'avez-vous travaillé ?

C'est du design sonore pur et dur. Heureusement, je bosse avec les mêmes gars depuis mille ans. On savait qu'il serait important de les entendre, même sans les voir. Ça nous a aussi fait économiser de l'argent ! J'ai trouvé des vrais sons de stridulations d'araignées, qu'il nous a fallu rendre plus présents, plus horrifiques. Tous ces sons ont été mixés par un mec génial, Vincent Cosson. Le son – musique, bruitage, design sonore –, c'est 80 % du film.

En 2025, vous allez donc tourner votre version d'*Evil Dead*. Comment ça se passe, pour l'instant, avec les Américains ?

J'ai de la chance : la *team* Sam Raimi, Bruce Campbell, Rob Tapert, c'est trois potes d'université qui ont Warner, Sony et compagnie qui leur mangent dans la main parce qu'ils ont la plus grosse franchise de films d'horreur du monde. Mais ça reste trois potes qui se chamaillent comme des ados ! Ils travaillent de façon très familiale et agissent comme une sorte de bouclier, pour protéger le réalisateur des studios. Et en plus, ils me laissent ma liberté artistique. On a écrit notre histoire, avec nos personnages. Ils ne m'ont jamais dit de faire autrement. De toute façon, je les ai tout de suite prévenus que je ferais différemment des films précédents, parce que ce qui est trop gore gratos, je ne suis pas trop client. Je vais leur pondre un autre type de violence. Là, ils ont une V1 et nos échanges sont super intéressants et constructifs : ils me posent des questions, me font creuser, me disent par exemple que tel passage ne fonctionne pas parfaitement… Mais ils ne m'imposent rien. C'est toujours à moi, à la fin, de trouver la solution.

Marc Missonnier

Marc Missonnier est producteur depuis la fin des années 1990. Il a accompagné les films de plusieurs cinéastes majeurs, tels François Ozon, Bertrand Blier ou Emir Kusturica. En novembre 2024 est sorti *37: l'ombre et la proie* d'Arthur Môlard, un premier long-métrage auscultant le duel à mort entre un routier et une étrange autostoppeuse enceinte. Le film est le premier-né du label Parasomnia Productions, fruit de l'association entre Marc Missonnier et Sony à la distribution. Le producteur revient sur ce projet, dont il est à l'initiative, et en profite pour proposer un état des lieux d'un certain cinéma de genre en France.

Concernant Parasomnia Productions, est-ce vous qui êtes allé chercher Sony, ou est-ce Sony qui vous a contacté ?

Je suis allé chercher Sony. Je sortais tout juste d'une expérience à 1 million d'euros, une comédie qui s'appelle *Opération Portugal* (Frank Cimière, 2021). Personne n'en voulait à l'époque, mais Sony m'avait suivi. Avec le recul je comprends les réticences, moi-même je n'étais pas du tout sûr de réussir à faire un film avec si peu de budget. Cela suppose d'avoir les bons réflexes, que j'avais au tout début de ma carrière, mais moins maintenant [rires]. Il se trouve que ça s'est super bien passé, le film a marché et ça m'a fait réfléchir : j'ai toujours aimé les films de genre, j'en ai produit il y a vingt ans avec le label Bee Movies[13], et je me suis dit qu'aujourd'hui, il y avait en France un environnement favorable à ce cinéma-là. J'ai pensé qu'il y avait un truc à tenter et j'ai foncé.

Pourquoi Sony et pas un distributeur français ?

Le problème des distributeurs français, qui ont plein de qualités par ailleurs et avec lesquels je travaille sur d'autres projets, c'est qu'ils ne savent pas sortir ce genre de films. Ils ne comprennent pas le public ciblé, n'ont pas l'ADN, les équipes pour, les bons réflexes et partenariats. Ce sont souvent des hommes d'un certain âge, qui sont de super professionnels, mais qui ont grandi avec un autre cinéma. Il faut du renouvellement, moins d'œillères. En m'adressant à un studio américain, qui a l'habitude de sortir ce genre de films, j'avais plus de certitudes.

Il y a quand même quelques films de genre qui ont fonctionné récemment, sortis par des distributeurs français…

Alors oui, mais moi mon positionnement, c'est celui d'un cinéma de genre de divertissement pur. Je ne suis

13 Collection de films de genre à petit budget réalisés par des cinéastes débutants, incluant les titres *Requiem* (Hervé Renoh, 1997), *Un jeu d'enfants* (Laurent Tuel, 2001), *Bloody Mallory* (Julien Magnat, 2002), *Maléfique* (Éric Valette, 2003).

pas du tout sur le même registre que Julia Ducournau ou Thomas Cailley. Sébastien Vaniček, un peu plus. Et je dirais que Coralie Fargeat se situe entre ces deux pôles… Attention, ça ne veut pas dire pour autant que les films de genre que je souhaite produire ne racontent pas quelque chose de l'époque et de la société contemporaine. Il y a une vision claire de la part de leurs auteurs. Mais dans l'ADN de ces films et dans ce qu'on communique au public, il y a une promesse de divertissement. C'est une différence majeure, on n'est pas sur l'expression d'un auteur quelque peu torturé qui mettrait en scène ses cauchemars. Ça, les distributeurs français classiques connaissent bien. Et ça peut donner des films super, ce n'est pas le sujet ; j'adore le cinéma de Julia Ducournau, vraiment.

Quand vous dites qu'il y a un environnement plus favorable au cinéma de genre, aujourd'hui en France, à quoi faites-vous référence ?

La grosse différence, selon moi, ne concerne pas tant les films de genre français que les films de genre américains. Depuis une dizaine d'années, certains d'entre eux, souvent des films d'horreur, dépassent le million d'entrées alors qu'avant ils culminaient à 100 ou 200 000 grand maximum. Il y a un engouement terrible. Je pense évidemment aux films Blumhouse[14], mais pas que. Et vous savez quel est le public de ces films, en France ? Ce sont des filles, qui ont entre 15 et 25 ans et qui y vont en bandes. C'est notamment le public qu'on vise, avec Sony.

Concrètement, qu'avez-vous proposé à Sony ?

Mon idée, c'était de faire du cinéma de genre à petit budget certes, mais aussi d'associer le distributeur dès le tout début, dès le choix des projets et le processus de développement. Donc concrètement, on a fait un appel à projets fin 2021 en demandant un pitch et une note d'intention d'une page. On a reçu plus de 2600 projets, ce qu'on n'avait pas du tout anticipé. On a été submergés. J'ai recruté un jeune producteur, Rodolphe Bouquet, que j'ai formé et qui a procédé à un premier tri pour ne garder que 80 projets. Un beau baptême du feu [rires] ! J'ai lu cette sélection, j'en ai gardé 40 ; je les ai fait lire à Sony, et on en a choisi 20. On a ensuite fait des auditions et demandé aux auteurs de développer davantage, sous forme d'un traitement d'une dizaine de pages. À cette étape, ils ont été payés. On a refait une sélection et on en a retenu 5.

14 Société américaine spécialisée dans le cinéma d'horreur, qui a notamment produit les franchises *Paranormal Activity*, *Insidious*, *American Nightmare*.

Tous deviendront des longs-métrages ?

Pour trois d'entre eux, c'est bon. *37: l'ombre et la proie* est sorti en novembre 2024 ; *La Malédiction des Tahu'a* (Benjamin Busnel) est terminé et va sortir au premier semestre 2025 ; et le tournage de *Kima* (Romain Daudet-Jahan) est en cours[15]. On a décidé d'espacer les sorties. Un autre a finalement été écarté par Sony, et le dernier est en stand-by. Il faut que j'atteigne un certain montant de préventes avant d'avoir le feu vert définitif de Sony.

L'un des critères majeurs de sélection des projets devait relever de leur faisabilité, avec un très petit budget ?

Évidemment, c'était le tout premier critère, avec l'originalité du pitch. L'équation économique est déterminante. Ce sont des films qui ne se financent pas avec les aides classiques, qui constituent 80 % du financement du cinéma d'auteur – chaînes de télévision, avance sur recettes du CNC, aides régionales. On ne les tente même pas, d'ailleurs. On sait que ça n'est pas pour nous.

Vous n'auriez pas eu ces aides pour des projets de ce type ?

C'est sûr que non. Ce n'était même pas la peine d'essayer. J'ai eu quelques expériences pour l'avance sur

15 L'entretien a eu lieu fin 2024.

recettes, avec des films de genre… [Il souffle.] C'est compliqué. Il faut savoir les lire, ces scénarios. Savoir les apprécier, les aimer. Et ça n'est pas forcément le cas des lecteurs composant ces commissions. Ils ne sont pas, à mes yeux, outillés pour lire et apprécier ces films-là. Alors on se concentre sur autre chose, sur le marché : les distributeurs, les mandataires, éventuellement la télévision payante.

Et les plateformes ?

Les plateformes, aujourd'hui, n'achètent plus de films de genre. Si vous regardez leurs *originals*[16], ce sont des comédies, des films d'action, mais pas de l'angoisse ou de l'horreur. Ils le faisaient au sortir de la pandémie, ça n'est plus le cas aujourd'hui. Les plateformes sont devenues *mainstream*, elles ne font plus de films de niche.

Aviez-vous aussi, comme critère, de retenir des projets qui s'ancrent dans une réalité, une géographie française ?

Absolument. Ça ne devait pas apparaître comme une sorte d'ersatz de film américain, transposable partout ailleurs. On s'inscrit dans un contexte, un territoire. Si on ajoute à ça le fait qu'il s'agisse de premiers films, à moins

16 Films sortant directement sur les plateformes.

d'un million d'euros, avec strictement aucun acteur connu… le cocktail est assez radical.

Est-ce parce que le salaire d'un acteur connu, dans cette économie, représente très vite un dixième du budget ?

Ça n'est pas tellement la question. On a beau proposer le minimum syndical, peut-être que certains acteurs auraient eu envie de venir, on ne sait jamais. Mais on ne leur a même pas proposé, parce que c'est aussi une réflexion artistique : un comédien identifiable, dans ce genre de films, ça brouillerait totalement le message. Le spectateur se demanderait où il est.

En termes de développement, un tel budget implique quelles contraintes ?

Le nerf de la guerre, c'est la durée du film et, de fait, la longueur du script. Il ne doit pas dépasser 90 pages, soit à peu près 1 h 30 de film, puisqu'on a maximum 25 jours de tournage. Le budget ne permet pas plus. Pour *37 : l'ombre et la proie*, à l'origine, il devait y avoir de nombreux *flashbacks* éclairant le passé des personnages. On voyait les cadavres abandonnés par le routier, l'autostoppeuse était recueillie par une famille qui faisait venir un médecin… À un moment donné, on les a coupés, c'était trop. Et ce dont je suis content, c'est qu'Arthur Môlard ne regrette pas ces choix drastiques qui ont été faits. C'est à l'os, ça rend le film plus épuré, mais tout aussi compréhensible.

C'est un constat que vous avez fait sur tous les films Parasomnia ?

Globalement, oui. *La Malédiction des Tahu'a*, c'est l'histoire d'une contrôleuse aérienne dans un petit aérodrome d'un atoll polynésien – on a tout tourné en studio sur fond vert. On a recréé la Polynésie ! Une tempête approche et elle reçoit l'appel de détresse d'un avion. La contrôleuse communique avec la pilote, et on comprend vite que quelque chose cloche. Le choix qui a été fait, c'est de ne jamais quitter la tour de contrôle. C'est le fantastique qui va peu à peu s'immiscer dans ce lieu. Avec plus de budget, on aurait probablement fait quelques allers-retours dans l'avion, et je pense que ça n'aurait pas été judicieux. Ça a poussé Benjamin Busnel à se poser les bonnes questions : comment ne pas lasser le spectateur, tout en restant 1 h 30 dans un lieu clos ? L'inspiration majeure, c'est bien évidemment *The Guilty* de Gustav Möller (2018). Le troisième film, *Kima*, c'est l'histoire de trois adolescents qui découvrent une créature en pleine campagne. Comme on n'a pas de budget, eh bien cette créature se manifeste sous la forme d'ondes sonores, qui peuvent briser des choses, voire tuer des gens. Ça oblige à être inventifs !

C'est un lieu commun, mais que l'on constate sans cesse : les contraintes impliquent de vraies questions de fond à chaque phase de la création, qu'il s'agisse de l'écriture, du tournage ou du montage.

Exactement. C'est le plus souvent un mal pour un bien. Et je n'ai pas toujours forcément le rôle du censeur : par exemple, dans *37: l'ombre et la proie*, j'ai beaucoup poussé pour qu'on joue à fond la carte du *gunfight* dans la camionnette. Avec les moyens d'un film à 1 million d'euros, mais quand même. Ce personnage d'auto-stoppeuse est *badass*, il fallait qu'on le sente ; c'est fondamental pour la tenue et la crédibilité du film. Et puis, quand on se lance dans un film de genre, il faut aussi donner au spectateur ce qu'il est venu chercher, dans la mesure du possible. Le suspense psychologique ne suffit pas, la forme doit aussi être au diapason.

C'est-à-dire ? Ça passe par quoi ?

Par exemple, avec Arthur et Dino Berguglia, le chef opérateur, on ne voulait pas d'un éclairage naturaliste. On lorgnait plus vers l'expressionnisme, avec des couleurs tranchées, des contrastes, quelque chose de presque mental… La scène du restaurant routier, c'est tout à fait ça. Il faut se démarquer avec les armes que l'on a. On a aussi poussé les curseurs sur la musique. Moi j'adore faire ces films-là, c'est galère certes, mais c'est aussi très ludique à produire. On va à rebours des films d'auteur français à petit budget. La chance qu'on a eue, c'est qu'on a trouvé une portion de route en travaux, qu'on a pu utiliser. On n'avait évidemment pas les moyens de bloquer une route entière, avec une régie énorme.

Êtes-vous présent au tournage ?

Pas tant que ça. À partir du moment où on s'est bien mis d'accord en amont, c'est OK. Avec ce budget de toute façon, il faut blinder le scénario. C'est là que les choix forts ont été faits – ou alors en salle de montage. Mais pas sur le tournage. De toute façon je vais vous dire, en vingt et un jours on n'a pas vraiment le temps de se poser des questions ou de débattre. J'ai dû faire des remarques sur un plan ou deux, comme je le fais d'habitude, mais c'est tout. Par contre, je regarde les *rushs* tous les jours et je suis en liaison quotidienne avec le plateau. Je joue mon rôle de vérificateur.

Et si ça ne va pas ?

On avise. Je peux appeler le monteur qui monte la séquence en vitesse, afin de s'assurer que ça marche et qu'il ne manque pas quelques plans. Mais tout ceci est assez classique, c'est un processus de fabrication normal, quel que soit le budget.

Avec votre œil de producteur, voyez-vous ce que vous auriez fait différemment, avec un budget plus conséquent ?

Bien évidemment. À commencer par le *loader*, soit une remorque tractée à partir de laquelle on filme le camion depuis l'extérieur ; de derrière, de devant ou sur le côté. Le *loader* était un peu pourri, la cabine bougeait vachement et donc l'image n'est pas toujours stable. Là-dessus, j'ai un petit regret. J'aurais adoré avoir un *loader* plus stable. Mais on fait comme on peut !

Vous avez produit des films de François Ozon, Patrice Leconte, André Téchiné, Bertrand Blier, Valeria Bruni-Tedeschi… Pourquoi, finalement, vous embarquer dans ce qui pourrait s'apparenter à une galère ?

[Il réfléchit.] Ça fait vingt-cinq ans que je fais ce métier, j'ai produit plus de 80 films… Je ne vais pas vous dire qu'un projet ressemble à un autre, mais j'essaie quand même de réfléchir à l'essence de ma profession, et de me trouver de nouveaux challenges. Après, les films qu'on est en mesure de faire dépendent énormément de l'écosystème dans lequel on les fait. Parasomnia Productions est aussi né de ce constat : j'ai voulu penser un écosystème parallèle, qui permette à des talents non reconnus dans l'écosystème actuel d'éclore et de s'épanouir.

Avez-vous remarqué une vraie évolution de la place du cinéma de genre en France ces dix dernières années ?

Il y a eu quelques gros succès au box-office, comme *Le Règne animal*. C'est un bon signe, mais pour moi, on ne peut pas encore parler de vague ou de renouveau. Pour ça, il faudrait cinq ou six films de genre, qui ne sont pas prédestinés au million d'entrées, mais qui atteignent au moins 500 000, dans les deux à quatre années qui viennent. Là, il y aurait validation du public. Ça frémit, c'est certain, il se passe quelque chose, mais on n'y est pas encore totalement. En revanche, ce qui est sûr, c'est que le cinéma d'auteur pur et dur fait beaucoup moins d'entrées qu'avant. Ça, c'est une réalité économique. Les distributeurs spécialisés dans ce créneau-là se posent beaucoup de questions. Quels films vont prendre le relais ? Il y a toujours les comédies, a priori ça ne bougera pas. Les grands films de patrimoine reviennent, d'accord, mais ils coûtent tellement cher qu'il ne peut pas y en avoir quinze dans l'année, c'est impossible. Dans ce contexte de logiciel à renouveler, je crois que le cinéma de genre a une vraie carte à jouer.

À partir de combien d'entrées considérerez-vous que le pari est réussi ?

Honnêtement, je ne peux pas vous dire. Par contre, ce qui me tient vraiment à cœur, c'est qu'on parvienne à lancer plusieurs films, en série. Je suis convaincu d'une chose : on n'arrivera à faire émerger des talents et à convaincre le public que s'il y a une offre suffisante. Je ne crois pas aux grands coups isolés. Il faut un effet de nombre, un effet boule de neige. Ce que j'espère, c'est que les premiers marchent suffisamment pour qu'on puisse lancer un nouvel appel à projets, et que ça fasse des émules un peu partout. Je veux créer un groupe, et que ce groupe grandisse.

Coralie Fargeat

Après *Revenge*, son premier long-métrage sorti en 2017, Coralie Fargeat s'inscrit définitivement sur la carte du cinéma de genre français avec *The Substance* (2024), prix du scénario du 77e Festival de Cannes. Le concept ? Une actrice hollywoodienne considérée sur le déclin (Demi Moore) accepte de s'injecter la substance éponyme pour devenir, une semaine sur deux, une version rajeunie d'elle-même (Margaret Qualley). Mais à quel prix ? Ce *body horror* sous l'influence de David Cronenberg, Brian Yuzna, Peter Jackson première période, voire *South Park,* détonne autant qu'il désarçonne au cœur du territoire hexagonal. La cinéaste en dévoile ici la genèse, évoque son approche de la mise en scène et répond, en creux, à la question suivante: est-il bel et bien possible de s'épanouir aujourd'hui, en France, en tant que réalisatrice de films de genre ?

Quel a été l'élément déclencheur pour l'écriture de *The Substance* ?

Je voulais écrire, depuis longtemps, sur le rapport qu'entretiennent les femmes avec leur propre corps. Et je ne voulais pas que ça soit circonscrit aux actrices ou au cinéma. Mon film se déroule à Hollywood, certes, mais ce n'est qu'un symbole, un cadre pour parler d'une réalité qui concerne tous les pays du monde et toutes les époques.

Pourquoi Hollywood, précisément ?
Et pourquoi à travers le prisme du *body horror*[17] plutôt que via un traitement plus réaliste ?

Hollywood me paraissait être un véhicule puissant, qui nous parle à tous car il est inscrit dans l'inconscient collectif, avec des images fortes. Et je voulais continuer à explorer le registre du film de genre, dans lequel j'avais adoré m'exprimer avec mon premier long-métrage, *Revenge* (2017). Le genre me permet de m'extraire de ma réalité, des contraintes auxquelles je suis confrontée dans ma vie au jour le jour. Il m'autorise à donner libre cours à mon goût pour l'excès et le jusqu'au-boutisme – des choses que je dois contrôler au quotidien, parfois difficilement [rires]. Quand j'ai commencé à explorer le genre, j'ai vraiment eu le sentiment de trouver « mon » endroit. C'est mon espace de liberté, ce qui me fait exister en tant que réalisatrice.

Le genre comprend donc, pour vous, une dimension cathartique ?

Totalement ! Encore plus pour *The Substance*, que j'ai commencé à écrire une fois la quarantaine passée. J'étais

17 Sous-genre du cinéma d'horreur qui repose principalement sur la mutation ou la mutilation du corps humain, exposées de manière crue à l'écran.

en plein dans la crise qui peut correspondre à cet âge-là, chez les femmes notamment. Je suis d'un naturel plutôt rationnel, mais les pensées émotionnelles avaient pris le dessus. J'avais fini par intégrer cette donnée : hors jeunesse, hors sexytude, point de salut ; pour les femmes, du moins. Je me disais : « Bon bah ça y est, ta vie est finie. » C'était aussi simple et violemment absurde que ça. J'ai eu le sentiment, très brutal, que l'essentiel de mon existence se situait derrière moi. J'ai commencé à me questionner sur ce processus : comment ces pensées avaient-elles pu prendre autant de place dans mon cerveau ? Comment avais-je pu me laisser envahir de cette manière, alors qu'il me restait plus de la moitié de ma vie à vivre ?

Au-delà du vieillissement, le film interroge le rapport au corps féminin de manière plus générale.

C'est venu dans un second temps : j'ai réalisé que je voulais explorer le rapport au corps féminin depuis l'enfance, parce que c'est à tous les âges de la vie que ce corps est utilisé, scruté, réifié, modelé selon les attentes irréalistes des uns et des autres. À commencer par mon corps. Ces attentes et ces regards ont eu un impact énorme sur mon existence et sur la manière dont je me suis définie en société. Quand on est jeune, le problème ça va être notre poids, la forme de nos seins ou de notre cul ; avec l'âge, on se focalise sur la moindre ride qui apparaît… Une pensée parasite en chasse une autre, c'est un cercle vicieux qui s'incarne différemment à chaque étape de notre vie.

D'où la volonté d'avoir deux personnages féminins très différents, l'une jeune et l'autre plus âgée, mais qui traitent finalement chacune de la même thématique ?

C'est le cœur du film : les deux personnages tombent dans l'exact même piège, à savoir se valoriser, s'estimer ou non en fonction de ce qu'elles valent aux yeux des hommes. Elles se confrontent à une quête impossible.

Comment avez-vous fait cohabiter ces deux personnages à l'écriture ? Le film obéit à une construction en miroir pas forcément évidente à mettre en œuvre…

Il aurait pu y avoir, à un moment, la tentation de montrer une forme de libération via la jeunesse du personnage de Sue (Margaret Qualley). Mais non, le propos du film est tout l'inverse. J'ai vite réalisé que ce que je voulais, c'était montrer les travers dans lesquels Sue retombait, malgré son apparence. Et puis, le fait de la confronter à ces problématiques a aussi donné lieu à des scènes clés : quand elle découvre une nouvelle déformation physique, elle fait d'atroces cauchemars, devient paranoïaque… Donc le fait qu'elle et Elisabeth (Demi Moore) aient une trajectoire parallèle ne m'a pas compliqué la tâche mais m'a guidée, au contraire. Et ce, jusqu'à la réunification finale des deux personnages, qui pour le coup est une vraie émancipation : elles se libèrent, enfin, des attentes de ce monde extérieur qui les paralysaient. Pour la première fois, les personnages, le personnage devrais-je dire, puisqu'il est redevenu un, a une forme d'amour pour lui-même. S'il avait dû y avoir un monologue à ce moment, il aurait pu ressembler à ça : « Oui, je mérite de sortir de chez moi, d'être vue et d'être aimée, enfin, pour ce que je suis. » Le public auquel elle s'adresse à ce moment-là lui renvoie un message un petit peu différent, mais bon [rires] !

Avez-vous adapté votre mise en scène selon qu'il s'agissait d'une scène avec Sue ou avec Elisabeth ?

Oui, forcément, comme Sue et Elisabeth incarnent des choses opposées, je ne pouvais pas les approcher de la même manière – et c'était donc limpide dès le scénario, où se trouve déjà toute ma mise en scène. J'écris très peu de dialogues, par contre j'écris la manière dont je vais filmer. Je transmets ce que j'ai envie de raconter via le symbolisme, des visuels, le son. C'est ça qui va créer des sensations chez les spectateurs, selon moi, bien plus que des mots. Avec Elisabeth, on est dans son monde intérieur, elle est seule face à elle-même, recluse dans son appartement, façon descente aux enfers. Il y a une dimension mentale, les décors se transforment et se détériorent à mesure qu'elle-même perd pied. À l'opposé, le monde de Sue repose sur son hypersexualisation via le regard masculin, qui dissocie les bouts de corps féminins pour les inspecter à la loupe, comme une autopsie. Là, il fallait forcément que je sois dans l'outrance, pour que le spectateur ait la sensation d'être gavé de *glossy*, de *pumpy* – un monde fantasmé et fantasmatique, en somme, qui est celui qu'on nous vend comme étant le chemin vers le bonheur. Un mirage, évidemment, que je voulais incarner de manière cinématographique pour en montrer la saleté sous-jacente.

Vos effets spéciaux sont en grande partie artisanaux. Était-ce fondamental, pour vous, de ne pas recourir aux effets numériques en postproduction ?

Absolument. Dès l'écriture, je savais que l'ADN du film serait de travailler concrètement le matériau de base, à savoir le corps des femmes. On parle de fluides, de liquides, de mutations, il fallait que ça se sente physiquement à l'image. D'autant plus que ça fait sens avec mon approche de la mise en scène, qui est dans l'hyperfocalisation : je vais m'approcher de plus en plus des détails de ce qui matérialise cette folie. Je voulais mettre mes mains dans le cambouis, au sens propre. Au-delà des sensations du spectateur, ça crée sur le tournage ce rapport charnel dont j'ai besoin : je peux malmener ce faux corps, tenter des cadrages, des angles… Et les actrices ont aussi besoin d'entretenir ce rapport avec l'organique ! Il y a une vie propre au silicone, des atomes qui existent. Ça a entraîné le vrai challenge technique du film : comment réussir à créer tout ça, pour de vrai ? Mais il n'y avait pas d'autre choix possible. Ce n'est que comme ça qu'on peut proposer une expérience viscérale, via la chair, la substance.

Cela ne veut pas dire, pour autant, que vous bannissez les effets spéciaux numériques…

Ah non, pas du tout ! Les effets numériques sont fondamentaux, justement parce qu'ils permettent d'affiner les effets artisanaux. Les deux vont de pair. Ça a été un vrai travail d'équipe pour rendre les prothèses crédibles.

Il y a un paradoxe : vous utilisez l'inconscient collectif associé à Hollywood, mais vous n'avez pas du tout tourné à Los Angeles…

Pas un seul plan ! Tout est tourné en France : les intérieurs en studio à Épinay-sur-Seine, les extérieurs à Cannes et Nice. L'idée n'a jamais été de faire croire à Los Angeles, mais d'en reprendre les cliches, par exemple un palmier vert sur fond de ciel bleu… On a pu s'affranchir de toutes les règles, poser nos propres limites. Le cinéma, c'est du faux. Je voulais créer quelque chose d'irréel, évoquer un ailleurs, un monde mental. Je cherchais précisément cet univers suspendu entre fantasme et réalité, qui mélange plusieurs époques. C'est un drôle d'équilibre, assez précaire, mais qui permet je crois au spectateur de se projeter.

**Vous avez tourné *Revenge* aux États-Unis.
The Substance emprunte pour sa part énormément à l'imaginaire et au cinéma américains. Vous verriez-vous, un jour, réaliser un film à l'ADN 100 % français ?**

Je ne sais pas. Mon cinéma, c'est vraiment l'association de ces deux pôles. En ce qui concerne l'imagerie et les acteurs ou actrices, je le fabrique « à l'américaine », car c'est ce cinéma qui m'a nourrie, avec lequel j'ai grandi. Et en même temps, je me sens fondamentalement française dans mon rapport au cinéma : considérer qu'il s'agit d'un art avant d'être une industrie, c'est une chose que l'on a su préserver, qui implique aussi une manière de travailler et un rapport aux équipes très différents de ce qui se fait aux États-Unis. C'est vraiment en mélangeant ces deux mondes que je m'épanouis, que je trouve ma singularité et que j'espère être innovante.

REMERCIEMENTS

à Agathe Catté
et Stéphan Castang

Prolongez la lecture de ce livre en accédant au contenu additionnel prévu par l'auteur et disponible à cette adresse :
www.playlistsociety.fr/genre

DÉJÀ PARU

FACEB001
Frederick Wiseman, à l'écoute • 2018
INTRODUCTION *Laura Fredducci*
ENTRETIEN *Quentin Mével et Séverine Rocaboy*

FACEB002
Henri-François Imbert, libre cours • 2018
INTRODUCTION *Raphaëlle Pireyre*
ENTRETIEN *Quentin Mével*

FACEB003
Pierre Salvadori, le prix de la comédie • 2018
INTRODUCTION *Nicolas Tellop*
ENTRETIEN *Quentin Mével et Dominique Toulat*

FACEB004
Valérie Donzelli, le tourbillon de la vie • 2019
INTRODUCTION *Thomas Messias*
ENTRETIEN *Quentin Mével*

FACEB005
La Mécanique Lucas Belvaux • 2020
INTRODUCTION *Louis Séguin*
ENTRETIEN *Quentin Mével*

FACEB006
Laurent Cantet, le sens du collectif • 2022
INTRODUCTION *Marilou Duponchel*
ENTRETIEN *Quentin Mével*

FACEB007
Patricia Mazuy, l'échappée sauvage • 2022
INTRODUCTION *Gabriela Trujillo*
ENTRETIEN *Quentin Mével et Séverine Rocaboy*

FACEB009
Dominique Marchais, le temps du regard • 2023
INTRODUCTION *Stratis Vouyoucas*
ENTRETIEN *Quentin Mével*

FACEB010
Des gens drôles • 2024
INTRODUCTION *Lucile Commeaux*
ENTRETIEN *Adrien Dénouette, Quentin Mével, Guillaume Orignac et Théo Ribeton*

FACEB012
Sophie Fillières,l'endroit de l'envers • 2024
INTRODUCTION *Charlotte Garson*
ENTRETIEN *Quentin Mével et Dominique Toulat*

DANS LA COLLECTION FACE B

Achevé d'imprimer en janvier 2025 par Corlet,

14110 Condé-en-Normandie, France.

N° d'imprimeur : 25010581

Dépôt légal : janvier 2025

WILHELM RAABE

Deutscher Mondschein

mit einem Nachwort
von Jochen Missfeldt

JUNG
UND
JUNG

Erzählen wir ruhig und ohne alle Aufregung. Ich bin ein selbst für Deutschland außergewöhnlich nüchterner Mensch und verstehe es, meine fünf Sinne zusammenzuhalten. Außerdem bin ich Jurist, der Mann meiner Frau und der Vater meiner Söhne. Weder zur Zeit der Holunderblüte noch zur Zeit der Stockrosen, Sonnenblumen und Astern pflege ich mich sentimentalen oder romantischen Anwandlungen ausgesetzt zu fühlen. Ein Tagebuch führe ich nicht; aber sämtliche Jahrgänge meines Terminkalenders halten in meiner Bibliothek wohlgeordnet ihren Platz fest. Dieses alles vorausgeschickt, teile ich mit, daß ich mich im Jahre 1867 auf ärztlichen Rat, der Seeluft und des Meerwassers wegen, auf der Insel Sylt befand und daß ich daselbst eine Bekanntschaft machte – eine ganz außerordentliche Bekanntschaft.

Selbstverständlich kann ich mich nicht dabei aufhalten, das oft Empfundene und noch häufiger Geschilderte und in Briefen oder durch den Druck Verbreitete von neuem durch eine schriftliche Wiedergabe meiner eigenen Erfahrungen und Gefühle zu berichtigen oder zu bekräftigen. Wogenschlag, Sandhafer und Sandroggen, Möwenflug und vor allem der Westwind machten auf jeden, der von einer deutschen Beamtenexistenz den Schweiß und den Staub abzuspülen hat, einen angenehmen, erfrischenden Eindruck. Sie verfehlten ihre Wirkung auch auf mich nicht, zumal da die Anstrengungen, die der erwähnten Erfrischung vorangingen, nicht gering waren.

Ich wohnte auf der Grenze der beiden Dörfer Tinnum und Westerland und hatte also, um zum Strande und in die heilige Salzflut zu gelangen, einen Weg von mindestens einer halben Stunde zurückzulegen. Ein nicht kürzerer Weg führte dann zu dem edlen Mann, der uns allmittäglich für einen soliden Preis von innen aus wieder auferbaute. Auf häuslichen Komfort oder gar Luxus mache ich als an Genügsamkeit gewöhnter deutscher Staatsdiener überhaupt keinen Anspruch. Da ich von meinen einundzwanzig Pfeifen sieben mit mir führte, würde ich mich selbst in einem Hünengrabe behaglich eingerichtet haben.

Gut; – ich wohnte bei einem Bäcker, der seinen Backofen mit Strandholz, das heißt dem in den Strandauktionen von gestrandeten Schiffen erstandenen Gebälk und Sparren- und Balkenwerk heizte. Ich half ihm dann und wann, dieses Holz zu spalten, und fühlte mich hier gemütlich dadurch angeregt – daheim widme ich mich dem Geschäft mehr aus sanitätischen Gründen.

Daheim säge und spalte ich in meinen Mußestunden mein Brennholz, hier trieb ich Allotria oder studierte einige vorsichtigerweise im Gepäck mitgeführte Abhandlungen über die braunschweigische Erbfolge. In den Geschäftsstunden ging ich am Strande spazieren.

Bei einem solchen Badeaufenthalt zieht sich alles in die Länge. Zu Hause wandle ich jeglichen Tag und in jedem Wetter rund um die zu Spaziergängen eingerichteten Wälle meiner Amtsstadt; auf Sylt speiste ich, hielt eine Stunde auf einer Düne Siesta und lief dann geradeaus gen Norden den Strand entlang, manchmal bis zum Roten Kliff, jedoch gewöhnlich nur bis zu den Badehütten von Wenningstedt.

Da das Meer wie ein Waschweib beiderlei Geschlechts nichts bei sich behalten kann, sondern alles wieder auswirft, so waren diese Gänge nie ohne ihre Reize; denn wenn ich auch ein Mann der Prosa bin, so kann ich doch einen toten Seehund mit einer gewissen Melancholie vom Rücken auf den Bauch wenden und meine Gedanken dabei haben.

Gut – oder diesmal vielmehr: besser! Ich befand mich ungefähr drei Wochen auf dieser lang von Süden nach Norden oder umgekehrt hingestreckten Insel, als ich die zu Anfang meiner Relation erwähnte Bekanntschaft machte.

Es war gegen Abend. Die Sonne war untergegangen, und ich kam - heute - vom Roten Kliff zurück, und zwar nicht wenig müde, denn die Ebbe hatte den Weg am Strande nach besten Kräften für alle auf Sylt anwesenden am Unterleib leidenden Patienten gangbar gemacht. Wenn man zehn Schritte lang auf ziemlich festgeschlagenem Sande wandelte, versank man während der nächsten zweihundert Schritte desto tiefer, und *die* Gattin, Tochter, Kusine oder Geliebte meiner Leser, die über diesen der Gesundheit so ungemein ersprießlichen Pfad graziös weggeglitten wäre, würde ich in der Tat gern einem Poeten zur lyrischen oder epischen Verwendung empfehlen, wenn mir ein solcher außer - dem Kreisrichter Löhnefinke unter meinen Kollegen und sonstigen Freunden und Feinden bekannt wäre.

Ich sagte: die Sonne war untergegangen, und verbessere mich. Sie ging eben unter, als ich bei den Dünen südlich von Wenningstedt, dem Riesenloch gegenüber, anlangte. Ein Blankeneser oder Cuxhavener

Fischerboot verschwand mit ihr in den Nebeln des Meereshorizontes, und ein trübes Grau wurde aus dem erfreulichen und dem Auge so wohltätigen Grün des Wassers. Auch die gelbrote Färbung der Sandhügel zur Linken des gesunden, aber beschwerlichen Weges verschwand, und die graue Farbe gewann zur Linken wie zur Rechten die Oberhand. Das Dünengras fing an, in einem kühlern Winde zu lispeln; es war Abend geworden, und es war gegründete Aussicht vorhanden, daß es demnächst Nacht werde.

Stolpernd und trotz der Abendkühle in Schweiß gebadet, beschleunigte ich meine Schritte der abendlichen Pfeife zu, als mir das Unerwartete passierte und ich den Kollegen Löhnefinke kennenlernte. –

Jedermann, der den westlichen Strand der Insel Sylt kennt, weiß auch, wie schroff oft die Dünen gegen den sandigen Gesundheitspfad an der See abfallen, und an einer der schroffsten Stellen fiel mir der Kollege auf den Hals und setzte mich für alle Zeit meines Erdenwandels in Erstaunen: der geehrte Leser erlaube mir, daß ich mein Protokoll mit gewohnter Ruhe und ohne Aufregung weiterführe.

Ich befand mich, wie gesagt, dem Riesenloch gegenüber, und die Sonne hatte vor fünf Minuten Abschied genommen, als plötzlich auf der Höhe der Düne zur Linken, ungefähr siebenzig Fuß über meinem Kopfe, ein Mensch erschien, der unbedingt im eiligsten Laufe an dem Abhange anlangte, die Arme gegen den Abendhimmel emporwarf, dann sich niederkauerte und mit einem Male zu meinem haarsträubenden Grausen den schroffen, fast senkrechten Hügel herab rutschte - schurrte - schoß!

Ehe der Ruf des halben Schreckens und ganzen Erstaunens, den ich ausstieß, verhallt war, saß der Mensch schon am Fuße der Düne im weichen Sande zwischen einem dorthin angespülten halbzertrümmerten Faß und einer zerbrochenen Schiffslaterne und sah mit weitoffenem, schreckensbleichem und doch zugleich zu einem offenbaren Grinsen sich verziehendem

Munde mich, den Herbeieilenden, an und rief, schrie oder vielmehr heulte:

»Er – sie – ist hinter mir! Ich bitte um Entschuldigung, mein Herr, aber – wer kann gegen seine Nerven –«

»Wer? was? wer ist hinter Ihnen?« schrie ich, an der grauen Dünenwand emporstarrend, ohne etwas irgend Bedrohliches zu erblicken. Nichts zeigte sich, was die gewagte Rutschpartie des noch immer im Sande vor mir sitzenden, ziemlich wohlbeleibten und höchst anständig gekleideten Individuums und die grenzenlose Bestürzung desselben rechtfertigen konnte.

»Wer ist hinter Ihnen? Niemand, wie mir scheint! So reden Sie doch! Wer jagt Sie? Was treibt Sie zu solchen Sprüngen? Ich sehe wahrhaftig nicht das geringste da oben!«

»Doch, doch! Er – sie – der Mond – Luna – Selene! Nein, nein, nicht Luna und Selene, sondern er, der Mond, der verruchte deutsche Mond! Eben geht er hinter den Watten auf und wird in einigen Minuten dort über die Höhe hinter mir her sein! Und hier kein Dach, kein Schirm – nicht einmal ein Regenschirm – und der nächste Badekarren zum Unterschlüpfen eine Viertelstunde weit ab! Das ist mein Tod!«

Einen Regenschirm führe ich gewöhnlich mit mir und so auch jetzt; der Unbekannte in seiner Verstörung hatte ihn jedoch nicht bemerkt, und ehe ich ihn dem Narren anbot, überlegte ich natürlicherweise.

Es war mir klar, juristisch klar, daß ich einen Wahnsinnigen vor mir hatte, und schnell gefaßt überdachte ich, wie unter solchen Umständen von mir gegen ihn zu handeln sei. Sollte ich den Mann, da ich an seinen eigentümlichen Fiktionen nichts ändern konnte, seinem Schicksal überlassen und es seinen Wächtern anheimstellen, ihn einzufangen; oder sollte ich ein Gespräch mit ihm anknüpfen und auf die Gefahr hin, in persönlich unangenehme Auseinandersetzungen mit ihm zu geraten, seine Zustände näher zu ergründen suchen?

Als Mensch würde ich das erstere vorgezogen haben, als Jurist, als Kriminalist zog mich das letztere an. Ich folgte der Verlockung und führte die Unterhaltung weiter.

»Mein lieber Herr«, sprach ich, »wenn Sie sich unter einem Regenschirm gegen Ihren – Feind gesichert glauben, so bin ich mit dem meinigen gern zu Diensten. Nehmen Sie meinen Arm.«

Ich hatte bereits das seidene Wetterdach ausgespannt, und der Irrsinnige war ebenfalls bereits mit einem Freudenruf in die Höhe gesprungen.

»O mein Herr, der Himmel hat mich Ihnen entgegengeführt!«

Er nahm meinen Arm und sagte, den Hut abziehend:

»Erlauben Sie aber auch, daß ich mich Ihnen vorstelle. Mein Name ist Löhnefinke – Königlich Preußischer Kreisrichter zu Groß-Fauhlenberge, Provinz –«

Jetzt tat ich in vollkommener Stupefaktion einen Seitensprung:

»Mein Herr – das ist nicht möglich!«

»Mein Herr?«

»Sie? Sie, der Sie, um dem Mondaufgange zu entrinnen, sich kopfüber, auf die Gefahr den Hals zu brechen, eben da – dort hinunterstürzten, der Kreisrichter Löhnefinke aus Groß-Fauhlenberge? Unmöglich, ganz unmöglich sind Sie der Kreisrichter Löhnefinke!«

»Doch, doch! Wenn Sie es ein Vergnügen nennen wollen, so habe ich es und bin der Genannte.«

Mühsam faßte ich mich, indem ich mir sagte: Jetzt ist es außer allem Zweifel, es ist ein Wahnsinniger mit mehreren fixen Ideen. Der Unglückliche hält nicht nur den Mond für seinen Feind, sondern er hält sich unbedingt dazu für einen andern.

»Ja, mein Name ist Löhnefinke, und ich würde es für eine Ehre halten, wenn Sie, mein werter Herr, mich nunmehr auch mit dem Ihrigen bekannt machen würden.«

Was war dagegen zu machen? Ich stellte mich vor und nannte meinen Namen und Titel. Sofort zog der Irrsinnige von neuem den Hut, griff nach meiner Hand, drückte sie herzlich und rief:

»Ach, mein lieber Kollege, sehen Sie, wie das Fatum die Leute zusammenführt! Wahrhaftig, das hätte ich mir vor einer Viertelstunde nicht träumen lassen. Mein Gott, so sind wir ja schon seit geraumer Zeit die besten Bekannten! Erinnern Sie sich doch! Haben wir nicht in Sachen Johann Peter Müllers, des nachgemachten Zigeunerhäuptlings aus Langensalza, Akten gewechselt und eine geschäftliche Korrespondenz geführt? Nicht wahr, es fällt Ihnen ein? O, wie mich das freut!«

War das ein Traum, oder war's Wirklichkeit? War dieser Mensch verrückt, oder war ich es?

Die Sache verhielt sich in der Tat so, und meines Schriftenwechsels mit dem preußischen Kreisgericht zu Groß-Fauhlenberge erinnerte ich mich sofort auf das deutlichste. Und mein sonderbarer Begleiter (wir schritten bereits nebeneinander her) hielt sich auch gar nicht allein an das bloße Sicher- und Feststellen dieser Tatsache; nein, er vertiefte sich augenblicklich in die Einzelheiten des betreffenden Falles, legte mir jetzt mündlich alle die Bedenken vor, die er mir früher schriftlich mitgeteilt hatte, und – ich erwiderte ihm, als ob es wirklich keinem Zweifel mehr für mich unterliege, daß er der fragliche Königlich Preußische Beamte sei und wirklich den Namen Löhnefinke führe. Der Vollmond war währenddem in der Tat am östlichen Horizonte emporgestiegen und schien uns auf die Köpfe, ohne daß mein Begleiter sich um ihn kümmerte. Arm in Arm gegen den Badestrand von Westerland anwandelnd, vertieften wir uns immer mehr in unsere hohe Wissenschaft und ließen den Mond scheinen, wie es ihm beliebte. So hatten wir fast das Herrenbad erreicht und näherten uns jetzt der Treppe, welche von dem Strande zu der Höhe der Dünen hinaufführte, als der Kollege, der sich seiner ersten Exaltation zum Trotz mir nunmehr als ein höchst klarer Kopf und scharfer Jurist ausgewiesen hatte, plötzlich, im Sande steckenbleibend, sich umsah, aufguckte und geisterbleich werdend stöhnte:

»O ihr Götter, da sind wir ja mitten drin!«

Daran war kein Zweifel: wir waren mitten drin; die fixe Idee packte von neuem den Unglückseligen, wütend und angstvoll zog er sich meinen ausgespannten Schirm dicht auf den Hut herab, und ich – ich konnte nichts weiter tun, als ihn – den Kreisrichter Löhnefinke – fester am Ellbogen zu halten und dem erbost sich Windenden und Abzappelnden eindringlichst zuzureden:

»Aber Verehrtester, ich bitte Sie! Fassung! Fassung! Dieses ist doch zu toll, Kollege! Was hat Ihnen denn dieses unschädliche Beleuchtungsinstitut eigentlich zuleide getan? Oder was haben Sie gegen es verbrochen? Nehmen Sie Vernunft an, Kollege, überzeugen Sie sich doch: die harmlose Kugel macht durchaus keine Miene, uns auf den Kopf zu fallen.«

»O mein Kopf! mein Kopf!« stöhnte der Kreisrichter, den fraglichen Körperteil mit beiden Händen haltend.

»Kommen Sie, Kollege, niemand jagt Sie, niemand treibt Sie. Welch ein ganz verrückter Raptus! Nehmen Sie mir das nicht übel!«

»Niemand? Niemand?« ächzte Löhnefinke.

»Niemand! Und wissen Sie, jetzt lassen Sie uns dort hinaufsteigen; im Pavillon finden wir noch Menschen – Gesellschaft, irgendein ermutigendes Getränke und unbedingt eine Petroleumampel, gegen welche Ihr Feind oder Ihre Feindin sicherlich den kürzeren zieht.«

»Petroleum!« murmelte Löhnefinke, das Wort fassend und festhaltend wie ein Verbrecher auf dem Hochgericht den Ruf: Gnade!

»Horchen Sie nur, es ist sogar noch Musik im Pavillon. Was meinen Sie, wenn wir uns daselbst bei einem Glase Grog noch eine Weile niederließen und –«

»– den Untergang des Mondes abwarten?! Jaja, das ist das rechte!«

»Würde uns aber doch ein wenig lange da fesseln. Der Mond geht erst nach dreiviertel auf sieben Uhr morgens unter; aber ein anderer Trost steigt uns herauf. Sehen

Sie, dort über der See erhebt sich dunkles Gewölk; – Kollege, warten wir ab, bis eine Wolke vor den Mond gezogen ist.«

»Jaja, angenommen! Gern, nur zu gern eingeschlagen! Kollege, ich stelle mich ganz und gar unter Ihre Vormundschaft. Treten wir ein in die Bude, warten wir, bis eine Wolke vor das grinsende Scheusal gezogen ist, und trinken wir Grog derweile!« rief der aufgeregte preußische Staatsbeamte, und so erkletterten wir die steile Treppe, langten, ohne den Hals gebrochen zu haben, auf der Höhe an, wandten uns rechts durch das Dünengras dem erleuchteten, von Musik durchschmetterten und mit Badegästen dicht gefüllten Dünenpavillon zu.

In dem Augenblick aber, als wir in die Tür des hölzernen Rundbaus traten, schwieg plötzlich die Badeblechmusik. Die Musikanten packten ihre Instrumente ein oder nahmen sie einfach unter den Arm. Sie nahmen auch noch einen Gratisschnaps am Büffet und zogen ab, und der größte Teil des Publikums folgte ihnen seltsamerweise auf dem Fuße, ohne sich erst von dem Kunstgenuß erholt zu haben. Nur einige Gruppen verständiger Männer hielten sich noch bei ihren Gläsern.

Über die Nordsee strich jetzt ein ziemlich lebendiger Wind. Die Wellen rauschten lauter und bedeckten sich mit weißern und krausern Schaumkronen. Das belebende und erwärmende Getränke, welches wir bestellten, bevor wir uns niederließen, mußte unbedingt von dem wohltätigsten Einfluß auf unsere seelische Stimmung und unser körperliches Behagen sein.

Nun saßen wir, und während am nächsten Tische eine muntere Gesellschaft lustig durcheinanderschwatzte, sah ich mir meinen neuen Bekannten, und zwar durchaus nicht verstohlen, genauer bei Lampenbeleuchtung an, und meine Verwunderung stieg unter dem Scrutinio.

Der Kreisrichter Löhnefinke aus Groß-Fauhlenberge war ein Mann von ungefähr fünfzig Jahren, korpulent, wie schon bemerkt, und sonst ohne alle äußerlichen Absonderlichkeiten. Ein breites Kinn, ein kurzgehaltenes, graugesprenkeltes Haupthaar, ein preußischer Beamtenbart und zwei graue, kluge Augen, die jeden Gegenstand, auf den sie sich hefteten, scharf festhielten, gaben mir sicherlich keinen Anlaß, den Mann für einen Tollhauskandidaten zu erklären, und doch – – ich hielt es nicht aus! Meine Hand auf den Arm des Kollegen legend und dicht an ihn heranrückend, sagte ich:

»Nehmen Sie es mir nicht übel, lieber Löhnefinke, aber in diesem Moment glaube ich nicht mehr daran.«

»Woran nicht?«

»An Ihr Auftreten vorhin. An – na ja, an Ihre halsbrecherische Flucht über die Düne, an jene Rutschpartie bei Wenningstedt, an – kurz an Ihre Mondfeindschaft, Kollege.«

Sofort kam eine außerordentliche Veränderung über den ganzen dicht neben mir sitzenden Menschen. Er duckte sich wieder einmal, und wie vorhin nach meinem Regenschirm griff er jetzt nach dem vor ihm stehenden Glase, zog die darin befindliche heiße, dampfende Mischung auf einen Zug in sich hinein und flüsterte durch die Zähne:

»Es ist aber doch so! Ich hasse den Mond; er ist mein Todfeind, und ich ziehe den kürzern gegen ihn, wie er gegen die Lampe da über uns.«

Ich winkte der Kellnerin, welche meinen Wink verstand und dem Kollegen ein zweites dampfendes Glas vor die Nase setzte.

»Danke!« sagte der Kreisrichter. »Und auch Ihnen Dank; denn wäre ich vorhin Ihnen und Ihrem Schirm nicht in die Arme gefallen, so weiß ich wahrlich nicht, was auf diesem schattenlosen Strande aus mir geworden wäre.«

»Kollege«, sprach ich, »ich bin ein ruhiger Mann, amtiere seit langen Jahren zur Zufriedenheit meiner Amtseingesessenen und meiner vorgesetzten Behörden. Ich habe den Landesorden zu Hause im Schubkasten und bin noch nie einem mir anvertrauten Geheimnis gegenüber feloniter vorgegangen: würden Sie es sehr übelnehmen, Kollege, wenn ich Sie aufforderte, mir mitzuteilen, wie Sie mit jenem unschuldigen Trabanten unserer sündigen Erde in Konflikt geraten sind?«

»Ich werde das durchaus nicht übelnehmen«, sagte der Kollege. »Im Gegenteil, von Zeit zu Zeit fühle ich das intensivste Bedürfnis, meinem Haß und Zorn und leider auch meiner grimmigsten Beklemmung und Angst gegen eine fühlende Seele Luft zu machen. Lassen Sie sich ebenfalls noch ein Glas Grog geben und hören Sie zu. Nachher mögen Sie richten und werde ich mich auf Ihr Urteil verlassen, um so mehr, als ich Sie bereits aus unserem amtlichen Schriftenwechsel als einen tüchtigen Juristen kennengelernt habe.«

»Ungemein verbunden«, sprach ich, aufs äußerste gespannt, und sah jetzt dem Kollegen in die Augen, wie ich vor fünfundzwanzig Jahren meiner Braut nicht in die ihrigen gesehen hatte. Er schlürfte von neuem vom dampfenden Getränk und begann und legte sein Bekenntnis ab.

»Zuerst«, sagte er, »muß ich Ihnen bemerken, daß mein Arzt mich hierher ins Seebad geschickt hat auf den Antrieb meiner Frau gerade dieses meines Zustandes wegen, wie sie sagt, – meiner Nerven wegen, wie er sagt. Jahrelang hat der Mann, der mich von Jugend auf kennt, der mit mir aufgewachsen ist, über diesen Zustand gelacht; – erst durch die Insinuationen meiner Gattin ist ihm die Sache bedenklich geworden. Auf einmal hat er gefunden, daß es jetzt die höchste Zeit sei, etwas gegen die bedauerlichen Zustände zu tun, und – hier bin ich und gehe pflichtgemäß täglich ins Wasser, wie Sie heute abend erfahren haben, bis jetzt ohne den geringsten Erfolg. Zur Sache! Mit einem Wort, ich büße für meine Jugendsünden.«

»Aha!« murmelte ich, doch der Kollege schüttelte, meine Meinung sofort erkennend, nachdrucksvoll den Kopf und seufzte:

»O nein, nein! Ach, wie glücklich würde ich mich schätzen, wenn es *das* wäre! Das ist ja gerade mein Elend, daß ganz das Gegenteil dessen, was Sie im Sinne haben, den

Grund meiner Verstörung bildet. Ich versichere Sie, weder der Wein noch die Weiber haben es mir in meinen Jünglingstagen angetan. Ich bin nur zu solide gewesen und bereue es heute in Kummer, Schmerz und im Sylter Badekostüm. O, hätte ich mich doch ausgetobt in den Tagen meiner Jugend! Hätte ich doch meiner Phantasie die Zügel auf den Hals geworfen und die Gefahr, abgeworfen zu werden und das Genick zu brechen, zur rechten Zeit auf mich genommen! Kollega, Kollega, unterdrückte Poesie ist es, welche mich verrückt macht – verrückt weit nach dem vierzigsten Lebensjahre. Der deutsche Mondschein rächt sich an mir, und ich bezweifle, daß mir irgendein Bad, Sauer- oder Bitterwasser helfen werde.«

»Der deutsche Mondenschein?«

»Freilich, und sechsmal ja! Der Mond grinst mich aus meinem Verstande heraus, mich den Königlich Preußischen Kreisrichter Friedrich Wilhelm Löhnefinke zu Groß-Fauhlenberge, und nicht nur für eigene Verschuldung büße ich, nein, ich habe auch noch dazu die Schulden ungezählter Generationen meiner Vorfahren an das glänzende Ungeheuer abzutragen. O Kollega, ich fühle mich stellenweise sehr unglücklich!«

»Kollege, Sie sind jedenfalls ein sehr interessanter Mensch. Mit aufgespanntesten Seelenkräften bitte ich um eine genauere Erklärung.«

»Welche ich Ihnen geben werde. Mein Vater war königlicher Beamter, mein Großvater gleichfalls, und es wäre lächerlich von mir, wenn ich daran zweifeln wollte, daß auch mein Urgroßvater königlicher Beamter gewesen sei, selbstverständlich Provinzialbeamter wie wir alle. Meine Mutter war ein deutsches Weib, ebenso meine Großmutter und natürlich meine Urgroßmutter nicht weniger. Auch sie stammten sämtlich aus königlichen Provinzialbeamtenfamilien ab. Von Poesie wußten sie nichts, und auf den Mond achteten sie nur insofern, als er so gefällig war, sie zu benachrichtigen, wann es Zeit sei, die Haare zu verschneiden oder zur Ader zu lassen. O, sie überließen es einfach mir, für die Vernachlässigung zu büßen! – Meine Mutter las Clauren, meine Großmutter Bibel und Gesangbuch, meine Urgroßmutter konnte wahrscheinlich gar nicht lesen. Meine Vorväter lasen und schrieben ihre Akten, lasen das Amtsblatt und vielleicht auch die Zeitung, und ich war bis in die jüngste Zeit ihr würdiger Nachkomme. Da kam das Jahr achtundvierzig, und der Mond ging mir auf.«

»Aha!« rief ich wiederum; aber der Kollege Kreisrichter schüttelte abermals das Haupt und sagte:

»O nein, nein und zwölfmal nein! Sie irren sich jetzt nicht weniger als vorhin. Sie wissen, was wir unter dem Worte ›altliberal‹ verstehen?«

Ich nickte mit der Energie einer chinesischen Pagode.

»Sie werden mir also zugestehen, daß man als Altliberaler noch weit davon entfernt ist, den Mond zu hassen und vor dem Monde Reißaus zu nehmen?«

Es wäre töricht von mir gewesen, dieses

ein, wieviel Geld Sie in den Wust gesteckt haben, – und Sie bezähmen sich auch zum Glück für Ihre weitere Karriere und gehen an die Bereitung Ihres Kaffees. Dabei ergreift Sie dann die Vorstellung, daß Sie noch immer ohne die entsprechende Vergütung dem Staate zur Verfügung stehen, mit erschütternder Gewalt; und darüber wieder kocht Ihnen nicht nur die Galle, sondern auch Ihr Gebräu über, und – Sie fressen die eine in sich hinein und schütten das andere nicht in die Dachrinne, sondern ebenfalls in sich hinein. – Sie haben Illusionen verloren und Sie machen sich neue: sehen Sie, da haben Sie eine der ersten Wirkungen unseres Feindes, des Mondes! Ja, Sie machen sich sonderbare Illusionen, und was das sonderbarste ist, Sie verdenken es sich selber gar nicht. – Nachher gehen Sie zum Büro, begegnen unterwegs Ihrem Vorgesetzten, grüßen ihn höflichst, und jetzt – mit einem Male – fällt Ihnen ein anderes Träumen ein! Sie erinnern sich dessen, was Sie träumten, als Sie mit dem Kopfe im offenen Fenster lagen und der Mond Ihnen auf den Kopf schien. Sie stehen und sehen dem Präsidenten nach; und nun, und einzig und allein durch des deutschen Mondes Schuld, fällt Ihnen bei, daß Sie für Ihre Person doch mehr gelesen haben als Ihre Vorfahren: nicht die Zeitung, sondern Zeitungen, außerdem Schiller und Goethe, Voltaire und Rousseau, Börne und Stahl, Ranke und Raumer und ein inkommensurables Gemisch neuester Poeten höchst liberaler Art. Sie erinnern sich an manches, was Sie auf Universitäten beim Kommersch sangen, und der sanfte, liebliche Mond, der vielleicht gerade als zarte Sichel über Ihnen im Hellblau des Morgenhimmels steht, verzieht den Mund höhnisch und wächst – wächst – wächst von neuem zu Vollmond an, während Sie Tag für Tag, Woche für Woche Ihren Amtsgeschäften nachgehen. Sie fühlen sich grenzenlos unbehaglich, Sie kommen sich unsagbar dumm, albern und abgeschmackt vor und protokollieren auch dumm, wofür Sie eine ganz gehörige Nase besehen. Mit der letztern gehen Sie nach

Hause und besehen zufällig Ihren abnehmenden Haarwuchs im Spiegel, und wenn Sie dabei in Ihrem Bart ein weißes Haar entdecken sollten, so kommt auch das Ihrem guten Freunde, dem Monde, ganz gelegen; denn er ist imstande, Sie daran fester zu fassen und leichter seine Wege zu führen als an irgend etwas anderem. Das nächste Mal, wenn Sie wieder einsam in der Nacht am Fenster sitzen, nimmt er Sie bei diesem Haar: Sie sehnen sich nach einem Busen, einem zarten, gefühlvollen, weichen Busen, in den Sie alle Ihre Wehmut ausschütten können, dem Sie Ihren Gram sagen, dem Sie Verdruß und Ärgernis mitteilen können. Sie träumen wachend, und der Mond hohnlacht ärger denn zuvor –«

»Halten Sie einmal, Löhnefinke!« rief ich, beide Hände auf die Stirn drückend. »Muß denn immer erst ein anderer kommen und einem seine eigensten vergangenen, gegenwärtigen und zukünftigen Zustände klar und objektiv hinstellen? Kollega, Sie haben vollständig recht; – nervös, wie Sie selber, folge ich Ihrer Auseinandersetzung! Fahren Sie fort; – wahrhaftig, der Mond ist ein Ungeheuer!«

»Er ist es, der Mond, und vor allem dieser deutsche Mond! Da kommt er abermals über das Dach, und Sie legen den Kopf auf die Schulter und blinzeln ihm blöde und verlegen in die breite Fratze. Und plötzlich schwankt hohes Weizenährenfeld vor Ihren Blicken, die Nachtigall oder sonst ein Vogel piept im Gebüsch, es blitzt der Teich, der Bach murmelt, und Sie, Kollega, fangen gleichfalls an zu murmeln. Was murmeln Sie? Natürlich irgendeinen wohlklingenden Taufnamen, auf E oder A auslaufend, – Klothilde, Josephine, Maria, Amalia – was weiß ich?! Einerlei! Es ist entschieden – er hat Sie; er hat Sie mit allem, was an Ihnen ist, dieser heimtückische, hinterlistige Schleicher, der Mond, der deutsche Moo-ond! Sie fühlen sich in der Stimmung, ihn Ihren Freund zu nennen, die Arme nach ihm auszustrecken, eine Träne ihm hinzuweinen, und Sie sind ohne allen weitern Zweifel grenzenlos blamiert.«

»Ja!« sagte ich und nichts weiter. Der Kollege aber schwieg in melancholischem Tiefsinn eine geraume Weile, bis er von neuem auf- und fortfuhr:

»Ich war Landbote, als während des Militärkonflikts Seine Majestät unserem Ministerpräsidenten den berühmten symbolischen Stock schenkte; ich stimmte selbstverständlich mit der Majorität und jetzt – jetzt im Jahre siebenundsechzig – habe ich ein Sonett – bedenken Sie, ein Sonett! – ein Lobsonett auf den allverehrten Herrn Ministerpräsidenten gemacht und dasselbige im Inseratenteil der Nationalzeitung abdrucken lassen. Verstehen Sie mich und meine Stellung zu dem Monde, dem deutschen Monde?«

»Vollkommen!« sagte ich nach einigem Nachdenken.

»Dann kann ich mich kurz fassen und werde es tun. Man kennt – und der Mond weiß es – einen passabel wohlklingenden, auf E oder A auslaufenden Namen und die Trägerin natürlich dazu; – oder man sucht sofort nach einem solchen Namen und seiner Trägerin, und daß der Mond bereitwilligst hilft, ihn und sie zu finden, versteht sich von selber. Kein Kuppler bietet in derartigen Fällen eilfertiger und geschickter seine Hand. O, er leuchtet uns auf den lyrischen Dichter, mit welchem wir uns plötzlich mehr als wahlverwandt fühlen. O, er scheint uns auf das Blatt, auf welchem wir selber der Muse die Cour machen. O, er greint auf uns herab, wenn wir am Ausgange des Ball-, Konzert- oder Theatersaales auf sie warten. O, o, o, er geleitet uns später auch nach Hause, wenn die Alte nichts dagegen einzuwenden hatte, daß wir sie dahin bringen. O, o, o, o, wer versteht es besser als er, dem Esel, dem Menschen, heimzuleuchten? Gleichgültig ist es, aber doch eine wohl aufzuwerfende Frage, ob er die Schuld davon trage, wenn der Alte eines schönen Morgens ›Ja!‹ sagt. Sind Sie auch verheiratet, Kollege?«

Die Frage drang so abrupt auf mich ein, daß sie mich fast vom Stuhle warf und ich mich wahrhaftig erst einen Moment durch

Ich trat mehrere Schritte zurück. Obgleich der tolle Mensch klar wie die Insel Sylt im deutschen Mondenschein vor mir lag, frappierte mich das Wort doch. Es war wie der Kanonenknall, der einen auch frappiert, trotzdem daß man mit der Lorgnette vor den Augen beobachtete, wie der Kanonier die Lunte anblies.

»Ich, der Erbe so unendlicher Prosa«, fuhr der Kollege fort, »ich bin besiegt von meinem Feinde und ihm jedesmal, wenn er über den Horizont guckt, verfallen trotz allem Gesperr und Gezappel. Ich bin Idealist in der Politik, Dichter in der Führung meines Haushalts. Ich sehe die Zeit kommen, wo ich mein Abrechnungsbuch in Hexametern und Ottave Rime führen werde. Ich schwärme für Gemüt und Gemütlichkeit in den Vorgängen der Stunde, und – Kollege, Kollege! – ich werde von meinen Weibern – meinen Damen nicht verstanden, nicht begriffen. Das ist es, was meine Nerven zerrüttet und mich unter ihrer – meiner Damen – Führung hieher nach Westerland gebracht hat, und jetzt lassen

Sie uns gefälligst nach Hause gehen, es wird allmählich sehr kühl.«

Er hatte mich untergefaßt – zärtlichst; und wir wandelten Arm in Arm über die mondbeglänzte Heide von Sylt. Nimmer war ich in meinem Leben mit einem so poetischen preußischen Kreisrichter Hüfte an Hüfte geschritten. Er, dieser exaltierte Kollege, deklamierte laut, immer lauter. Er zeigte eine wahrhaft staunenerregende Belesenheit in deutscher und fremder Lyrik. Gedichte an den Mond wechselten mit Hymnen auf die Freiheit und Schlachtliedern gegen alle möglichen und unmöglichen Feinde. Tropische Landschafts- und Stimmungsbilder wechselten mit abgerissenen Strophen aus bekannten und unbekannten Romanzen und Balladen jeglichen historischen und unhistorischen Inhalts. Löhnefinke war göttlich, und sein Feind, der Mond, konnte wirklich seine Freude an ihm haben; aber mehr als einem seiner und meiner Vorgesetzten würde er in diesem Zustande nicht nur moralische, sondern auch physische Übelkeit erregt haben. In der Ferne nordwärts blinzelte das wechselnde Licht des Leuchtturms von Kampen wie das Auge eines Spötters, der seine Umgebung auf irgend etwas außergewöhnlich Drolliges aufmerksam macht. Die Schafe auf der Heide, über deren Tüder, das heißt Haltestricke, wir stolperten, standen auf, sahen uns verwundert an und staunend nach.

So kamen wir dem Dorfe Westerland immer näher, jedoch bevor wir es erreichten, wurden wir angerufen und, der äußern Erscheinung und dem Tone nach, auf die allerlieblichste Weise aus dem Traum-, Nacht- und Mondscheinwandeln in die Wirklichkeit zurückgerissen. Vom Dache konnten wir glücklicherweise beide nicht fallen.

Wie aus den Strahlen des Mondes gebildet, stand auf einer Bodenanschwellung der Heide eine ungemein zierliche, graziöse Mädchengestalt vor uns, und ein ganz reizendes Mädchengesichtchen neigte sich im Mondenscheine wahrhaftig märchenhaft hübsch uns entgegen. Daß der Kreisrichter Löhnefinke aus Groß-Fauhlenberge ein reizendes Gesichtchen aufzuweisen gehabt habe, kann ich nicht sagen, aber er besaß eine biedere, gewissermaßen auch joviale Visage, und der Enthusiasmus der letzten Stunden hatte dieselbige sogar noch sehr verschönert: um so heftiger mußte ich mich jetzo über den Ausdruck verwundern, mit welchem er sein süßes Töchterchen ansah. Statt noch heiterer und noch glücklicher zu werden, fielen plötzlich seine sämtlichen Züge schlaff auseinander, um sich sofort zu einem Gewirr verdrießlicher Falten zusammenzuziehen.

»Da bist du endlich, Papa? Na, das muß ich sagen!« rief die elfenhafte Huldin uns entgegentretend.

»Ja, da bin ich endlich«, brummte der Kollege, »und hier –«

Er vollendete nicht; denn die junge Dame schnitt ihm kurz das Wort ab:

»Wir haben recht lange auf dich gewartet, Papa, und die Mama ist sehr böse auf dich!«

»So? hm!« brummte der Kollege, und

»hm!« sagte auch ich in der Tiefe meiner Seele.

»Komm her, Helene, wir wollen zusammen heimgehen«, sprach der Vater des schönen Kindes begütigend; allein die Elfe im Mondschein entgegnete noch kürzer:

»Ich danke, Papa; ich werde mit der Mama gehen. Da kommt sie schon und wird dir sagen, wie sie auf dich gewartet hat. Mama, hier ist der Papa endlich!«

Ei freilich, er war in der Tat hier, der Vater Löhnefinke, und er zitierte in diesem Augenblick keine deutschen Dichter und keine auswärtigen mehr. Aber ebenfalls durch den deutschen Mondschein kam die Mama heran, und zwar ziemlich rasch und energisch. Ich hätte mit Vergnügen Abschied genommen und mich empfohlen, ehe sie uns erreichte; doch der Kollege hielt meinen Arm mit einem wahren Landdragonergriff fest und flüsterte:

»O, ich muß Sie vorstellen, Freund. Wo wollen Sie hin? O Kollege, erlauben sie, daß ich Sie meiner Gattin vorstelle!«

Was konnte ich anders ausdrücken als

die größte Sehnsucht, auch die Kollegin kennenzulernen?

Zwischen den ersten Häusern der Ortschaft Westerland vorschreitend, hatte die Würdige uns jetzt erreicht und den Arm ihrer Tochter genommen. Mich übersah sie zu Anfang natürlich vollständig und widmete sich einzig und allein den Angelegenheiten der Familie.

»Also endlich, Löhnefinke?! Deine alte, gewohnte Rücksichtslosigkeit! Aber ich sage dir, Löhnefinke –«

»Aber liebe Johanna, so sieh doch! Erlaube mir, dir hier meinen Freund und Korrespondenten –«

So wird man nicht selten als spanische Wand zwischen den Zugwind und den Lehnstuhl des Rheumatismuskranken geschoben! Die Vorstellung fand statt, und ich fügte mich mit der mir angebornen Bonhomie in die mir zugeteilte Rolle. Nach etlichem höflichen Wortaustausch schritten wir vier nun doch miteinander den biedern, niedern, friedlichen, friesischen Hütten zu, und wenn mir bis jetzt in den

Seelenzuständen meines Kollegen ein letzter Punkt dunkel geblieben war, so wurde derselbe mir nun auf diesem kurzen Wege vollkommen klar.

O, wie der Mond, der deutsche Mond auf die beiden Frauen und den Königlich Preußischen Kreisrichter herunterlachte! O, er weiß sich zu rächen, der deutsche Mond! Er hat seine Mittel, er kennt seine Mittel, und er weiß seine Mittel zu gebrauchen! Mein Freund Löhnefinke hat vollständig recht: es ist ein Elend, die Erbschaft von Generationen, von Jahrhunderten antreten zu müssen, ohne vorher von der Rechtswohltat des beneficii inventarii Gebrauch machen zu dürfen. Es ist ein Jammer, jenen bleichen, ab- und zunehmenden Gesellen erst nicht zu beachten, dann zu verachten und endlich seinem Einflusse ohne erklecklichen Widerstand hingegeben zu werden und – sich hinzugeben!

Man muß eben ein Mann – ein deutscher Mann und Beamter sein, um das Entsetzliche im ganzen und vollen an sich zu erleben. Frau Johanne und Fräulein Helene Löhnefinke, ohne je die Ansprüche des Mondes an den Menschen berücksichtigt zu haben, hatten sich ganz auf die Seite des Mondes gestellt und rächten ebenfalls ihn an seinem Verächter. Es war nicht abzusehen, wieweit sie den Gatten und Vater noch hinunterbringen konnten, – tief genug herunter hatten sie ihn bereits gebracht.

Als ich spät am Abend wieder bei meinem Bäcker saß, rauchte ich ein halb Dutzend Pfeifen über den Erlebnissen und Erfahrungen des Tages und kam gegen Mitternacht zu dem Entschluß, meinem augenblicklich in Göttingen Mathematik studierenden Jungen ein Exemplar von Jean Paul Friedrich Richters sämtlichen Werken zu seinem nächsten Geburtstage zu schenken. –

Als Wilhelm Raabe im August 1867 mit seiner Frau Berta und der vierjährigen Tochter Margarethe seine Urlaubsreise nach Sylt antrat, wusste er noch nicht, dass er fünf Jahre später ein Stück Literatur schreiben sollte, das von der Insel Sylt wenig, von ihm selber aber viel preisgibt. Diese drei Inselwochen gingen ein in die Erzählung *Deutscher Mondschein*, in der er sich im Lichte des Erdtrabanten unter die Lupe nahm.

Schon 1864, während eines Urlaubs in Norddeutschland, notierte Raabe die Worte »Feind« und »Mond« in sein Notizbuch und weiter: »Dieser Feind ist der Mond mit seinen Einwirkungen auf die Natur- und Lebensgeschichte des Helden« (BA 9, 503). Im Frühjahr 1872 schrieb er die Erzählung in sechzehn Tagen nieder; sie erschien noch im selben Jahr, zusammen mit drei weiteren Raabe-Erzählungen, in der Zeitschrift *Über Land und Meer*, und dann, im Jahr darauf, als Buch.

Mit dem Roman *Abu Telfan oder Die Heimkehr vom Mondgebirge* aus dem Jahr 1867, verdiente Raabe ein ansehnliches Honorar: 1500 Taler (MM, 52), genug für die dreimonatige Urlaubsreise, die ihn mit Frau und Kind schließlich nach Sylt führte. Unterwegs in Holzminden, sah Raabe den preußischen König mit Moltke und Bismarck. Von Altona reiste die Familie am 9. August weiter nach Husum, wo Raabe seinen vierzehn Jahre älteren Dichterkollegen Theodor Storm aufsuchen wollte. Der stand kurz vor der Vereidigung zum preußischen Amtsrichter und war verreist nach Kiel zu seinem Dichterkollegen Klaus Groth. Raabe hinterließ seine Besuchskarte. Freitag, den 10. August 1867, dampften die Raabes von Husum nach Wyk auf Föhr, um am Montag nach Sylt überzusetzen und in Tinnum Quartier zu beziehen.

Offensichtlich hat Raabe den Aufenthalt genossen. Seine Tagebuchnotizen fangen die Natur ein: Meer und Sonnenuntergang, Muscheln und Seesterne, Sturm und Brandung. Hinweise auf ein literarisches Projekt, das ihm hier auf der Insel einleuchtet, finden sich aber weder in den Tage- und Notizbüchern noch in seinen Briefen.

Der Mond hatte für Raabe eine besondere Bedeutung. In seiner Kinder- und Jugendzeit war er mondsüchtig; davon erzählt Adolf Glaser, der erste Herausgeber von *Westermanns Monatsheften*. Er begegnete Raabe 1857 zum ersten Mal nach dessen Rückkehr aus Berlin, wo dieser seinen ersten Roman *Die Chronik der Sperlingsgasse* geschrieben hatte. Glaser war damals bei Familie Raabe in Wolfenbüttel öfter zu Gast und erfuhr »höchst merkwürdige Einzelheiten« über Raabes »Eigenart«. Er berichtet, die Buchhändlerlehre in Magdeburg habe Raabe wohl auch wegen seiner mondsüchtigen Veranlagung vorzeitig beendet; denn sein Chef von der *Creutz'schen Buchhandlung* sei deswegen »in Besorgnis geraten« (RK 1914, 143). Glaser schildert seinen Freund als »still, zuweilen aber von ausgelassener Lustigkeit«, er sei auch »ungemein reizbar« gewesen und »ein Fanatiker der Ordnung und strengen Einteilung«. Über sein Nacht- und Traumwandeln habe er nicht gern gesprochen. Raabes zweite Tochter Elisabeth, geboren 1868, acht Monate nach dem Sylt-Urlaub, erbte die Anlage des Vaters. »Lisbeth nachtwandelt«, notierte er am 8. Juli 1877 in sein Tagebuch (RM, 25).

In der Erzählung *Deutscher Mondschein* liegt ein mächtiges Arsenal an Wörtern für den Mond bereit: »Luna« und »Selene« aus der römischen und griechischen Mythologie, »Trabant« aus der Fachsprache, »Todfeind«, »hämisches Gestirn« und weiteres aus Raabes Phantasiewelt; einmal schreibt er »Mooond«. Zählt man alle Mondwörter der Erzählung zusammen, dann summieren sie sich auf über siebzig, nimmt man noch die für Mond stehenden Os in dem Satz »O, o, o, o, wer versteht es besser als er, dem Esel, dem Menschen, heimzuleuchten«, dann sind es achtzig, in einem Text auf, den der Leser in einer knappen Stunde durchgelesen hat.

Während seines Sylt-Urlaubs erlebte Raabe den Vollmond am 15. August 1867. Zwischen dem 14. und 17. August stand das »Beleuchtungsinstitut« mehr oder weniger voll am Abend- und Nachthimmel. Er ging nach den Worten des Erzählers über dem Watt im Osten auf und am nächsten Morgen im Westen über der Nordsee wieder unter. Für den Monduntergang nennt der Erzähler die Uhrzeit »dreiviertel auf sieben Uhr morgens«. Tatsächlich lag die Monduntergangszeit für Sylt am 14. und 15. August zwischen 6.20 und 7.30 Uhr; Raabe erweist sich somit als mondkundig.*

Beide, der namenlose Erzähler und der Kreisrichter Löhnefinke, sind der »Nerven wegen« auf die Insel gefahren, mit beiden stimmt also etwas nicht. Die Überraschung bei ihrer ersten Begegnung ist nur vorgetäuscht, denn der eine hat den anderen längst ins Auge gefasst. Beide sind miteinander verbunden durch den Juristen-Beruf. Löhnefinke ist mit seiner Frau und der Tochter auf die Insel gekommen; das entspricht genau der damaligen Familienlage des Autors Raabe.

An diesem Abend auf Sylt ist ein nachtwandelnder Mondsüchtiger unterwegs, und sein wachendes Alter Ego begleitet ihn. Zwei unter einem Regenschirm, die Schutz suchen vor dem Mond. Dieser Abendspaziergang steht ganz unter der Herrschaft des Mondes, der den Mondsüchtigen »übermannt« hat. Er muss die Poesiefeindlichkeit der Menschheit abbüßen, weil der Mond ihn in den »Rausch und Taumel« des Dichters versetzt. Der Erzähler breitet das penibel und hingebungsvoll aus und ist so gar nicht die Ruhe selbst, sondern neben Löhnefinke das zweite Nervenbündel.

Das hat Folgen für die Sprache. Der Mond, der das Nervenbündel zum Nachtwandler formt, infiziert die Erzählung mit allerlei Zuschreibungen, lässt sie in Galgenhumor und Ironie baden, bedient sie mit Übertreibung und Theater, legt ihr eine Ader für das Groteske und Bizarre, lässt die Behauptung so wahr sein wie ihr Dementi und liefert originellen Unsinn. Eine verrückte Geschichte, die den Lesenden an der Nase herumführt und den Erzähler mit seinem Leidensgefährten Löhnefinke zum Narren hält, passgenau für den nüchternen Büromenschen, wenn er als Erbsenzähler in seinen Abgründen spazieren geht.

Dort schreibt Löhnefinke auch sein »Lobsonett« auf den Ministerpräsidenten, also auf Bismarck. Merkwürdig, dass der Erzähler nicht neugierig auf dieses Stück Poesie ist. Weder fragt er den Kreisrichter danach, noch macht der Dichter Löhnefinke Anstalten, sein poetisches Produkt vorzutragen.

Raabe hat den Satz, in dem Löhnefinke sich zu seinem Lobsonett bekennt, auffällig mit vier Gedankenstrichen versehen. Immer wieder setzt er dieses Satzzeichen in die von Überraschung zu Überraschung taumelnde Erzählung und rüstet sie aus mit Atempausen und Geheimnissen. Nahe liegt die Vermutung, dass Theodor Storm, der ehemalige preußische Kreisrichter, hinter dem Geheimnis des »Lobsonetts« steckt. Nicht nur verbindet Storm und Löhnefinke dasselbe Alter, auch der Gedankenstrich steht für sie als Brücke da. »Unübertroffener Meister« des Gedankenstrichs war Theodor Storm, schreibt Theodor W. Adorno in seinen *Noten zur Literatur.*

Storm befand sich während seiner Exiljahre von 1853 bis 1864 als Jurist in preußischen Diensten. Als sich das politische Schicksal seiner Heimat in den Herzogtümern zuspitzte, war er Kreisrichter am Kreisgericht in Heiligenstadt. Hier schrieb er 1863 ein Gedicht, das er *Schleswig-Holsteinische Gräber* nannte; es fordert Rache an Dänemark für die Schlacht von Idstedt, die 1850 verlorenging. Preußen, so lautete der Vorwurf, habe die Schleswig-Holsteiner im Stich gelassen und müsse nun diese Scharte wieder auswetzen.

Storm, der Preußenhasser und Bismarck-Gegner, hat seine Verse als Kriegswaffe begriffen. In einem Brief an seinen alten Studienkollegen Theodor Mommsen nennt er sie auch »lyrischen Schwertesschwung«; ein »Lobsonett« auf Bismarck sind sie nicht.

Schleswig-Holsteinische Gräber wurde am 2. Dezember 1863 in der *Gartenlaube* abgedruckt, einer weitverbreiteten »Nationalzeitung« für die Familie, die auch in Clubs und Vereinen zum Lesen auslag. Dort muss Raabe dieses Gedicht gelesen haben. Als Storm es 1863 schrieb, wartete Bismarck in der Schleswig-Holstein-Frage noch ab, und Raabe, der Bismarck-Verehrer, verfolgte in Stuttgart das Drama um die Herzogtümer.

Storm und Raabe, das ging nicht gut zusammen, respektvoll hielten sie sich auf Distanz. Ob Raabe sich an Storms »Schwertesschwung« erfreut hat, wissen wir nicht, er wird das Wort »deutsch« bemerkt haben, das Storm sonst nur zögerlich benutzte, hier aber ungewöhnlich oft verwendet. Auch Bismarck, der sich von Storm direkt angesprochen fühlen musste, hat die Verse gekannt; er las die *Gartenlaube.* In einem Brief an den Grafen Robert von der Goltz schrieb er Heiligabend 1863: »Die Frage ist, ... ob wir durch Professoren, Kreisrichter und kleinstädtische Schwätzer zu regieren sind.« (LL, 1, 851–855)

Als Storm im Frühjahr 1864 aus dem preußischen Exil wieder nach Husum zurückgekehrt war, hatte Bismarck den Rachefeldzug bereits beginnen lassen. Am 18. April begann der Sturm auf die Düppeler

Schanzen, und Storm hörte in Husum den Kanonendonner.

Der Bismarckfreund Raabe erlebte die deutsche Einigung als die ersehnte »kleindeutsche« Lösung, unter Ausschluss Österreichs. Nationalgefühl war ihm Herzenssache, »freilich nicht in der Art früherer Franzosenfresserei«, wie er im April 1867 an seinen Verleger Hallberger schrieb. 1872, mit dem *Deutschen Mondschein* vor Augen, blickte Raabe nach dem Sieg über Frankreich von Braunschweig aus in eine Zeit, in der sich die Vaterlandsliebe in Hurra-Patriotismus und Nationalstolz in Chauvinismus verwandelte.

»Herrlichen Zeiten« führt also der Mondschein die beiden Schlafwandler entgegen. Sie träumen vom endgültigen Sieg der Poesie und wandeln im reinen Romantik-Deutsch des Erzählers über »die mondbeglänzte Heide von Sylt«; freilich auch »Hüfte an Hüfte«, womit die beiden sich wieder auf den Boden der Tatsachen stellen. »Vom Dache konnten wir beide glücklicherweise nicht fallen«, sagt der Erzähler, und der Autor Raabe winkt hier noch einmal mit dem Zaunpfahl: Das Dach ist der klassische und gefährlichste Ort für den Schlafwandler.

Raabes Schlafwandler werden empfangen von Frau Löhnefinke, die ihrem Mann seine »alte, gewohnte Rücksichtslosigkeit« vorhält und damit noch einmal an Storm erinnert. In seinem Gedicht *Für meine Söhne* heißt es: »Blüte edelsten Gemütes / Ist die Rücksicht; doch zu Zeiten / Sind erfrischend wie Gewitter / Goldene Rücksichtslosigkeiten.« Diese goldenen Rücksichtslosigkeiten leistet sich auch Raabes Erzählung, indem sie nach den Regeln der Kunst an ihren eigenen Regeln sündigt und damit sich und dem Autor die Freiheit verschafft, die beide zum Leben brauchen wie die Luft zum Atmen.

Jochen Missfeldt

Literatur

- BA: Wilhelm Raabe, Sämtliche Werke, Braunschweiger Ausgabe, Göttingen 1976.
- LL: Theodor Storm, Sämtliche Werke, herausgegeben von Karl Ernst Laage und Dieter Lohmeier, Deutscher Klassiker Verlag, Frankfurt 1987.
- MM: Marbacher Magazin 20/1981, Hie Welt! Hie Waiblingen! Wilhelm Raabe in Stuttgart (1862–1870), bearbeitet von Jochen Meyer.
- NzL: Theodor W. Adorno, Suhrkamp, Frankfurt a. M. 1974.
- RK: Raabe Kalender
- RM: Rowohlt Monografie 50165, Reinbek bei Hamburg 2011.

* Mond-Untergangszeit nach Auskunft von Prof. Dr. (em.) Dieter Reimers, Astrophysiker, und Dr. habil. Matthias Hünsch, Mathematiklehrer und Studienrat am Wichern-Gymnasium in Hamburg

Franzobel

Adpfent

Ein Kindlein brennt

Für Maxi und Mucki

Adpfent, Adpfent
Ein Kindlein brennt

Die folgende Geschichte wurde durch einen Text von Toni Lauerer inspiriert, der diese Fortschreibung freundlich begrüßt und dem mein vorzüglichster Dank gilt.

Der Adpfent ist die schönste Zeit im Winter. Bei uns ist das halbe Jahr lang Winter, die andere Hälfte ist es kalt und der Rest sind Ferien, aber die sind verregnet. Im Winter heizen die einen ein und die anderen nicht, die einen heizen sich selbst ein und die anderen bleiben nüchtern, aber alle haben eine Grippe. Die ist mit Fieber und Husten und Nissen, womit ich nicht die Eier der Läuse meine, die man uns Kindern während der Äpfedemien immer aus dem Haar rechnet, sondern das Nissen mit Hatschii und Rotz und Hustensaft. Wir haben zu Hause auch eine Grippe, aber gegen die hilft keine Medizin, weil die ist aus Holz. In der kalten Jahreszeit schläft unsere Grippe in einer Schuhschachtel unter dem Bett, aber im Winter wird sie ans Tageslicht geholt, das dann künstlich ist. Unsere Grippe ist nämlich mit Kerzerln und man schreibt sie auch mit K wie Kerümpel, Klühwein oder Kfraster.

In den großen Ferien wollte ich unsere Grippe auch schon einmal hervorholen, weil da von Sommergrippe die Rede war. Ich hätte gern damit Bötchen im Brunnen unseres Einkaufszentrums gespielt. Aber der Papa hat es verboten. Eine Grippe ist kein Spielzeug, außerdem sauft die doch ab, hat er gesagt. Das glaube ich zwar nicht, und wenn, könnte man ihr ja Schwimmflügerl umbinden, aber er hat mir nicht einmal erlaubt, sie als Vogelhäusel zu verwenden. Das wäre Blas-und-Femi, hat er gemeint. Ich persönlich für mich finde es schade, dass die Grippe das ganze Jahr in der Schuhschachtel eingesperrt ist und dem Lurch unter dem Bett Gesellschaft leisten muss. Ich könnte sie gut als Ritterburg verwenden. Oder im Badezimmer als Klopapierrollenhalter. Zur Not ginge sie auch als Brotdose. Aber der Papa findet das geschmacklos. Da stellt er lieber Rapid-Gartenzwerge auf den Balkon.

Wenn ich einmal nicht brav bin, sagt meine Mutter auch „Du Krippe" zu mir, aber ich weiß nicht, wie sie das meint. Vielleicht so, dass sie mir gleich eine wimst und ich nachher bethlehämische Sterne sehe? Vielleicht denkt sie aber auch, dass ich so blöd bin wie Ochs und Esel und Hirten und Stroh zusammen, und es Zeit für mich wird, dass mir die drei Weisen aus dem Morgenland eine schnalzen, wenn sie denn einreisen dürfen. Weil die meisten Menschen aus dem Orient kommen in Österreich sofort ins Asylbewerberlager nach Traiskirchen. Es sei denn, sie sind Scheichs, dann dürfen sie sich einen Fußballklub kaufen und werden auch sonst überall gern gesehen, so lange sie Geld haben. Hallelulia.

Der Adpfent ist die schönste Zeit im Winter, abgesehen vom Wetter, das dann meist ein Gatsch ist. Der Adpfent fängt aber auch erst im Dezember an anzufangen, dabei liegen schon Mitte August die Lebkuchenherzerln in den Supermarktregalen. Und spätestens im Oktober fangen die Gemeindearbeiter an, die Weihnachtsbeleuchtung aufzuhängen. Die hängt dann da und brennt geschmacklos vor sich hin.

Da fällt mir ein, auch der geistig minderbemüttelte Dodl wird bei uns im Dorf von allen als Krippe bezeichnet. Der oder das Krippe. Der hat, heißt es, auch nur Stroh im Kopf. Ob da auch ein Christkindl drinnen liegt, im Kopf von unserem Dorfdeppen, weiß ich nicht. Wahrscheinlich schon, schließlich heißt es, mehlig sind die geistig Armen und den Letzten beißen die Würmer. Jedenfalls muss unser Dorf-Krippe das ganze Jahr in seiner Schuhschachtel verbringen, weil sich seine Eltern für seine Blödheit schämen, die er aber nur von ihnen haben kann.

Es gibt also nicht nur die Krippe, sondern auch der und das Krippe. Das ist wie bei „der Butter“ oder „das Mensch“, da heißt es in der Schule dann auch auf einmal die und der. Aber die Krippe ist das einzige Hauptwort, was ich neben der Kassafrau im Supermarkt kenne, das sich mit allen Artikeln verträgt. Die Kassafrau muss sich mit allen Artikeln vertragen, weil sonst bekommt sie einen Ausschlag.

Der und *das* Krippe gibt es das ganze Jahr, auch wenn man sich dafür schämt. *Die* Krippe aber gibt es nur im Adpfent, der, wie schon gesagt, erst im Dezember ausbricht und nicht vor Silvester wieder eingefangen werden kann. Im Adpfent bereitet man sich auf den Geburtstag des Christkindls vor, was so ausschaut, dass wir Kinder Briefe schreiben und mit Tixo ans Fenster kleben, während sich die Erwachsenen ansaufen, was sie „zuaschwoaßen" nennen. Dann legen wir uns alle ins Bett, machen die Augen zu und sehen, dass wir im Bett liegen. Am nächsten Tag sind die Briefe ans Christkindl immer verschwunden. Der Rausch der Erwachsenen ist nie verschwunden, zumindest nicht bis zum Heiligen Abend – und dann erst recht nicht, weil dann kommt Silvester, Fasching und Ostern und Pfingsten und Maibaumaufstellen, Pfadfinderheuriger, Grillfest, Oktoberfest und Hello-Wien. Hallelulia. Unser Pfarrer sagt: Weihnachten ist immer. Das weiß ich nicht, aber der Weihnachtsrausch der Erwachsenen ist bestimmt immer.

Vielleicht ist auch das Christkind vor seiner Geburt schon rauschig, weil es die Rumfläschchen vom Baum frisst oder sich an einem

Weihnachtsmarkt beim Punsch einen Mut antrinkt, der was sich gewaschen hat – zumindest innerlich. Ich habe jedenfalls schon viele Briefe, die ich ihm geschrieben habe, nachher im Altpapier gefunden. Oder arbeitet es nebenbei noch bei der Müllabfuhr? Nein, denn dann müsste es ja Mistkind heißen. Vielleicht kann das Christkindl auch noch gar nicht lesen? In die Schule geht es jedenfalls nicht, zumindest nicht in unsere, und wenn, dann müsste sich der liebe Gott, was der Vater vom Christkindl ist, wegen der vielen Fehlstunden beim Elternsprechtag ganz schön was anhören. Nach meiner persönlichen Meinung, was meine eigene und persönliche ist, kann das Christkind gar nicht Lesen und Schreiben. Weshalb ich irgendwann aufgehört habe, ihm Briefe zu schreiben, weil das sowieso nichts bringt. Stattdessen picke ich ihm gleich Seiten aus dem Kaufhaus-Katalog aufs Fenster. Da sieht das Christkindl sofort, was ich will, wo es das bekommt und was es kostet. Einmal war die ganze Stube so mit Katalogen zugepflastert, dass der Opa meinte, wir würden ausmalen. Aber wer malt denn im Winter aus? Das wäre ja nicht auszumalen.

Am Heiligen Abend hat das Christkindl alles erledigt und kann getrost auf die Welt kommen, weil es dann gleich Geburtstag hat. Das ist eine praktische Einrichtung der Natur, dass man, wenn man auf die Welt kommt, sofort Geburtstag hat. So braucht man nicht lange auf die ersten Geschenke warten. Allerdings ist das Christkindl über 2000 Jahre alt und dennoch immer noch ein in die Windel pfefferndes Bangert. Man könnte also meinen, das Christkindl ist so zurückgeblieben wie unser Dorf-Krippe. Die Leute aber halten das für ein Wunder. Jedenfalls ist dieses zweitausendjährige, goldgelockte Putzerl für sämtliche Geschenke zuständig. Für mich ist das Kinderarbeit. Außerdem darf man sich nicht wundern, wenn es irgendwann einen Burnout hat. Aber dann stehen wir schön blöd da. Hallelulia.

Kurze Zeit war das Christkindl, das eigentlich Jesus von Nazareth heißt, obwohl in Österreich die Adelstitel verboten sind, auch einmal älter. 33 Jahre war es alt. Aber weil es keine gescheite Ausbildung und auch keinen Führerschein hatte, haben es die Römer gleich an ein Kreuz genagelt und in eine mit einem schweren Felsbrocken versperrte Höhle gesteckt. Das war natürlich nicht besonders nett von ihnen. Dafür haben sie später aber auch den Papst gekriegt, den sie jetzt ausbaden müssen. Wahrscheinlich mit Weihwasser.

Das Christkindl ist aber trotzdem entkommen. Sonst könnte es jetzt nicht jedes Jahr mit uns Geburtstag feiern. Wie es das gemacht hat, weiß niemand, nur der liebe Gott, der seine Aufsichtspflicht vernachlässigt hat, aber davon spricht natürlich wieder keiner in der Bibel. Vielleicht weiß es noch die Maria Magdalena, was eine im Fleischgewerbe tätige Hurra ist. Nicht einmal seine Jünger, die was damals auch schon bärtige Mannsbilder waren. Fischer, die nicht länger für Iglo oder Nordsee fangen wollten und deshalb lieber so durch die Gegend gezogen sind. Damals gab es noch keine Fernseher und auch keine Sozialhilfe, also haben sie gelebt wie die Zigeuner und sich mit Zirkuskunststücken über Wasser gehalten. Die Bibel schreibt ja von wundersamen Vermehrungen. Ich glaube mehr, die haben was gefunden, bevor es verloren gegangen ist.

Und weil das alte Christkindl von den Römern gekreuzigt worden ist, hängt bei uns jetzt in jeder Stube ein Kreuz. Ich weiß ja nicht, was da hängen würde, wenn man es gevierteilt, gerädert oder ersäuft hätte? Oder lebendig begraben? Oder verbrannt?

Der liebe Gott hat übrigens keinen Geburtstag, weil der war schon immer da, weswegen er mir irgendwo auch leid tut. Er hat ja nicht einmal einen gescheiten Namen, weil Gott ist mehr eine Berufsbezeichnung, auch wenn es noch keine Gewerkschaft gibt, nicht einmal auf dem Olymp bei den Kriechern. Außerdem ist er, was ich weiß, noch ungetaucht. Er wird also nach seinem Ableben nicht einmal in dem von ihm selbst erschaffenen Himmel kommen. Der liebe Gott hat auch keine Frau, die für ihn wäscht und putzt und kocht, weil er selber eine ist. Er ist Mann und Frau und mit sich selbst verheiratet. Außerdem ist er der einzige seiner Rasse, weshalb er nur mit sich selbst Tennis oder Playstation spielen kann. Auch blöd. Er hat natürlich noch den Jesus und den Heiligen Geist, die er aber auch er selber ist. Und dann gibt es noch die Heiligen, aber das sind ziemlich fade Zipf. Und mit denen muss er jetzt die Ewigkeit verbringen. Armes Schwein.

Er sieht und hört und weiß alles. Wahrscheinlich arbeitet er mit dem amerikanischen Geheimdienst zusammen. Ich an seiner Stelle würde mich auf Engelbrecht tauchen lassen. Oder Dieter. Dieter ist der beste Name für einen, der Manderl und Weiberl gleichzeitig ist, einen Aphrobanditen, da steckt die und der drinnen. Dieter Siemadl. Der liebe Gott vermehrt sich mit sich selbst. Wie eine Schnecke. Aber außer dem Jesus hat er keine Kinder mehr zusammengebracht. Vielleicht ist er seit 2000 Jahren unfruchtbar? Oder er hält sie vor uns versteckt, weil er sich ihrer schämt? Vielleicht weil sie auch Grippen sind?

Der liebe Gott hält sich auch selbst die meiste Zeit versteckt, na, wen wundert's, ich an seiner Stelle würde mich auch nicht blicken lassen, wenn die Welt mein Werk wäre. Und kein Mensch weiß, wie alt er ist. Wahrscheinlich macht er es wie Mama und gibt an dreißig sehr plus.

Angeblich war ja, als noch nichts war, alles, was heute ist, Energie. Es gab damals weder Raum, noch Zeit, noch Lebkuchen oder kleine Schwestern, ja, nicht einmal ein Einkaufszentrum. Dann konnte man die Stromrechnung nicht mehr zahlen und es kam zum sogenannten Urknall, weswegen heute alle einen haben. Das war an einem Montag. Es gab beim Urknall noch gar keinen Raum, worin sich der Knall hätte ausbreiten können, weswegen man ihn sich leise vorstellen muss – wie eine Luftblase, die im Wasser aufsteigt, was zum Beispiel der Fall ist, wenn man in der Badewanne einen fahren lässt. Der einzige, der sich das vorstellen kann, ist der liebe Gott, weshalb er auch ein solcher ist.

Sein Sohn feiert jedes Jahr eine Mörderparty und er schaut durch die Finger, die er womöglich nicht einmal hat. Schön blöd. Der liebe Gott ist genauso ein Döner wie der Josef, dem die Maria, seine Frau, diesen Balg unterjubeln wollte. Das Christkind ist nämlich ein Kuckuckskind aus einer Uhr. Die Maria hat gesagt, das Christkind hat der Heilige Geist gemacht. Na, den Geist möchte ich sehen. Wahrscheinlich Erdäpfelpago. So nennt der Papa den Wodka. Außerdem kommt der Heilige Geist nur zu Pfingsten – und da wäre das Christkindl dann eine Frühgeburt. Na ja, vielleicht hat es den Geburtstag nicht erwarten können?

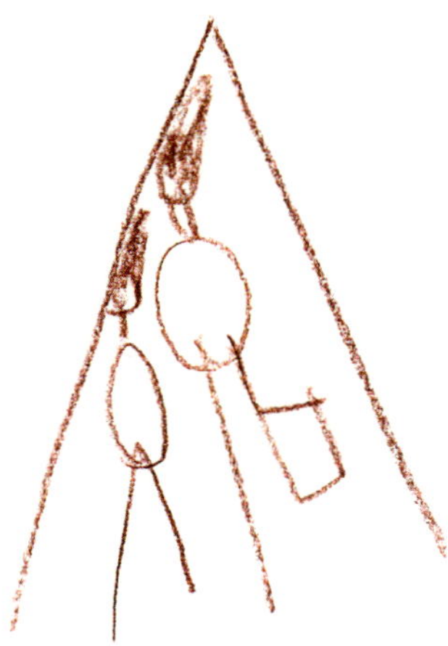

Jedenfalls ist das Christkind in Bethlehem auf die Welt gekommen. Weshalb es trotzdem Jesus von Nazareth heißt, verstehe ich nicht. Der Hubert von Goisern ist ja auch nicht in Bad Aussee oder Liezen oder Gmunden auf die Welt gekommen. Oder doch? Jedenfalls waren dann gleich die Hirten da und wollten es fressen. Aber wie sie das Jesukindlein gesehen haben, wie es so putzig dagelegen ist und so markerschütternd geplärrt hat, hat es ihnen die Kipferl aussaghaut. Außerdem waren die Heiligen Drei Könige in der Nähe, die hatten wahrscheinlich gerade einen Opec-Gipfel. Und dann gab es noch den Herodes, der, als er hörte, dass ein neuer Herrscher geboren worden sei, gleich alle Knaben hinmetzeln und kastrieren lassen hat – seit dieser Katastrophe ist Bethlehem eine Katastralgemeinde. Der Jesus ist ihm trotzdem durch die Lappen gegangen. Es gab ja damals noch keine Revolver oder Schlachtschussapparate, also mussten die Schergen von dem Herodes die Knaben einzeln um die Ecke bringen. Sie haben den stillenden Müttern die Säuglinge von den Tutteln gerissen und sie mit einem Baseballschläger oder sonst was erschlagen. Da hat das Blut gespritzt. Die Mütter haben geschrieen, weil sie jetzt nicht mehr wussten, wohin mit ihrer Milch. Molkereien gab es damals noch nicht. Und die Säuglinge haben ebenfalls geschrieen, bis sie es nicht mehr konnten. Dann war eine Ruhe, sogar der Herodes konnte eine geben.

Die Ururururgroßeltern vom Jesus von Nazareth aus Bethlehem haben noch im Paradies gelebt, was so eine Art All-inclusive-Club gewesen sein muss und bestimmt in der Türkei liegt. Aber dann haben die es satt gehabt, immer so ein buntes Bändchen um das Handgelenk zu tragen, und in den sauren Apfel gebissen, was ein gespritzter war aus Südtirol. Und weil sie nur zu zweit waren und trotzdem eine Schlange gebildet haben, hat sie der Vater vom Jesus, der auch ihr Vater war, hinausgeschmissen. Hallelulia. Vielleicht haben sie aber auch nur die Scheißerei bekommen. Wir bekommen im Sommer in der Türkei ja auch immer die Scheißerei. Es hat sich also nichts geändert im Paradies, nur die Schlange vor dem Buffet ist länger geworden, das Wasser im Pool ist dreckiger und es gibt mehr Deutsche.

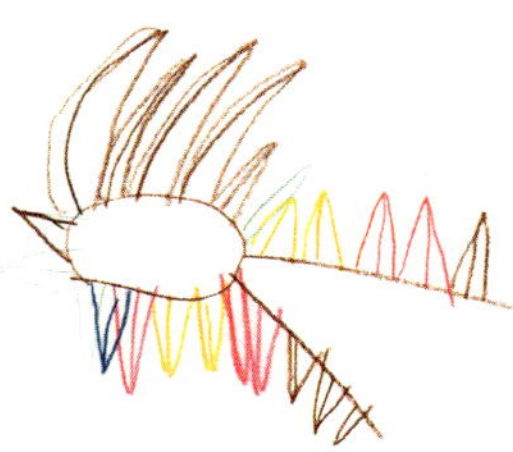

Ich habe auch einen Geburtstag, aber erst im April und dann bekomme ich eine Torte mit Kerzerln drauf und Creme drinnen. Das Christkindl aber kriegt zum Geburtstag keine Torte, sondern einen Baum, weshalb ich mir persönlich für mich denke, das Christkindl muss entweder ein Borkenkäfer sein oder der Mai, weil warum sonst käme man darauf, ihm zum Geburtstag einen Baum zu schenken? Noch dazu einen aufgeputzten mit Rumflascherln, Windrädern und Limetten. Unser Herr Pfarrer hat gesagt, das Christkindl ist kein Borkenkäfer und auch kein Mai, nicht einmal ein Förster, sondern der Erlöser, womit er auch irgendwie recht hat, weil es uns von der Warterei erlöst – und von der Schule, zumindest für die Dauer der Weihnachtsferien, die immer viel zu kurz sind, aber das haben Ferien so an sich. Andererseits kann das Christkindl aber auch kein Lösungsmittel sein, weil das darf man nicht trinken, und dann würde es uns bei der Kommunion mit sich selbst vergiften. Oder ist es ein Putzmittel für unsere ererbten Sünden? Ein Meister Proper für die Seele?

Vielleicht ist der Erlöser auch so etwas wie der Selbstauslöser beim Photoapparat, der immer viel zu lange piepst, wenn uns der Papa alle photographieren will. Bis der Erlöser endlich losblitzt, haben wir alle immer schon ein angefressenes Gesicht. Was nicht schadet. Da sieht man wenigstens gleich, dass wir nicht verhungern müssen wie die armen Kinder in Afrika. Die sind so arm, dass sie nie angefressen dreinschauen können und immer lachen müssen. Und obwohl sie hungern, haben sie riesige Bierbäuche wie der Einbrod Michi, was der Sohn vom Metzger ist und jeden Tag eine Leberkäsesemmel frisst. Manche Menschen spenden trotzdem für die armen Kinder, gerade zur Weihnachtszeit. Wahrscheinlich, weil sie glauben, dass ihnen dafür alles vergeben wird, was sie so das Jahr über ausgefressen haben. Andere organisieren sogar Galadinners für die Hungernden der Welt, die aber gleich gar nicht eingeladen werden.

Wenn der Erlöser so eine Art Selbstauslöser ist, kann man ihn sich auch wie einen großen grauen Kasten vorstellen, der am Straßenrand steht und die Verkehrssünder blitzt. Wer zu schnell fährt, bekommt eine Organstrafe. Das geht dem Papa ganz schön an die Nieren.

Bei uns schaut die Erlösung so aus, dass es am Heiligen Abend immer Streit genug für alle gibt. Es gibt natürlich auch Weihnachtskeks und eine Weihnachtsjause mit Weihnachtsaufschnitt, Weihnachtsbockbier und Weihnachtszigarren, Weihnachtsfilme und

Weihnachtsklopapier, aber das wäre alles nichts, wenn der Streit nicht wäre. Weinen tut eigentlich niemand, weshalb man die Weihnacht getrost Streitnacht umbenennen könnte. Da schenken wir uns nichts. Trotzdem verstehe ich nicht, warum man im Adpfent so ein Theater macht. Wir Kinder bekommen einen Adpfentkalender vom Hofer und in der Stube hängt ein Adpfentkranz mit vier dicken roten Kerzen. Bei den meisten anderen Leuten besteht der Adpfentkranz aus Tannenzweigen, bei uns hängt ein alter Autoreifen in der Stube, weil der Papa hat gemeint, der ist genauso gut, wenn nicht sogar besser, weil aus dem fallen höchstens ein paar Spikes und keine Tannennadeln.

Das Christkindl ist eine arme Sau. Zur Welt gekommen in einem Stall im Nahen Osten, wo jeder weiß, wie gefährlich es dort ist. Ich sage nur Irak und Syrien. Und jeder der schon einmal in einem Stall gewesen ist, weiß auch, wie es da stinkt. Bestialisch. Das ist eigentlich nur vergleichbar mit der Weihnachtsmette, wenn sich am Heiligen Abend die Christenmenschen, die sonst nie in die Kirche gehen, mit ihren Grippen und ihrem Husten in die Kirche drängen, um sich etwas Erlösung abzuholen. Wir auch. So ein Gedränge herrscht da, dass man sogar die Speckschwarten seiner Nachbarn spürt. Die meisten haben dann bereits ein üppiges Weihnachtsessen mit viel Osterschinken und Ostereiern in sich, weshalb es in der Kirche wie in einem riesigen Verdauungstrakt riecht. Weil bei uns hält sich jeder an den Spruch: Wer gut pfarzt, braucht kan Arzt. Vielleicht versuchen diese weihnachtlichen Kirchgänger auch nur, das öltraktorische Erlebnis eines Stalls herzustellen? Zumindest bis der Messner mit dem Weihrauch kommt, was eigentlich ein Harz ist. Getrocknete Tränen der Bäume. Eine Erfindung der Kirche gegen den menschlichen Geruch. Außerdem wimmelt es da nur so von Nissen, womit ich noch immer nicht die Eier der Läuse meine. Tschiii. Und dann hat man das Christkindl auch gleich nach der Geburt in die Hände von dem Krippe gelegt. Also ich würde mein Kind keinem Dodl anvertrauen. Vielleicht kommt daher der Brauch, dass wir uns zum Geburtstag vom Christkindl etwas schenken lassen. Jeder Dodl bekommt etwas. Wir bekommen so viel, dass wir uns das ganze Jahr darauf freuen. Aber ich freu mich auch traurig, weil danach immer alles vorbei ist und man an keinem Tag im Jahr so lange auf Weihnachten warten muss wie an Weihnachten.

Drei Wochen bevor es soweit ist, kommt als Vorhut der Nikolaus. Der redet so geschwollen daher, dass er kalte Umschläge bräuchte. Er kommt eigentlich aus der Türkei, aber seit da so viele Urlauber hinfliegen, um sich die Scheißerei abzuholen, wohnt er in Skandinavien, da haben es die Ausländer besser. Außerdem kosten da oben die Rentiere nichts, wenn sie nicht der Ikea gefangen hat. Dafür ist der Alkohol sauteuer. Deshalb säuft sich der Nikolaus auch immer an, wenn er zu uns runterkommt, aber das würde ich auch machen. Ob er auch Nissen in seinem strohweißen Haaren hat, weiß ich nicht. Jedenfalls hat er die Laus bereits im Namen. In Amerika kommt der Nikolaus statt dem Christkind unter dem falschen Namen Santa Klaus (sonst dürfte er wahrscheinlich nicht einreisen) und beschenkt die Kinder mit Coca Cola und Burger und Pommes und einer Pumpgun. Wobei er sich durch einen Schornstein durchzwängen muss (wie Ketchup durch die Tube) und seine Geschenke in Socken oder Schuhen hinterlegt. Bei uns hat die Gewerkschaft die Sache mit dem Schornstein gestrichen, das ist mit den Arbeitsvorschriften nicht zu vereinbaren – außerdem wären dann alle Rauchfangkehrer arbeitslos. Und die werden schließlich noch als Glücksbringer gebraucht. Aber da die in

Amerika keine Gewerkschaft haben und sich auch das Heizen nicht leisten können, geht das.

Auch die Sache mit den verschwitzten Socken oder Schuhen ist bei uns aus hygienischen Gründen untersagt. Ich meine, wenn ich da an unsere Kasler denke, da müsste der heilige Klaus ja eine Platzangst in der Nase bekommen. Platzangst heißt auf Lateinisch Klausosophie und ist die Angst vor dem Platzen, was auf Lateinisch Klaus heißt. Meine kleine Schwester platzt oft, aber mit Tränen. Unsere Frau Lehrerin platzt auch oft, aber mit Worten. Ich platze selten, aber wenn ich an so alte Socken denke, kommt mir sofort das Mittagessen hoch. Und der Papa platzt auch manchmal, nämlich, wenn er Clausthaler statt einem Bier bekommt.

Aber, wie schon gesagt, bei uns heißt der Klaus Nikolaus. Er kommt 19 Tage vor dem Christkind und bringt schon einmal die verderblichen Sachen, die schlecht werden würden, wenn sie erst am Heiligen Abend ankämen, also Äpfel und Nüsse und Orangen und Lebkuchen und Kletzenbrot. Um den Rest, der ihm bleibt, kauft er sich Alkohol, der, wie schon gesagt, in Skandinavien nicht zu bezahlen ist. Manchmal begleitet ihn auch ein Leibwächter, der aufpasst, dass der alte Mann nicht überfallen wird. Er sieht aus wie ein Wolfsmensch und müsste eine Hundemarke tragen. Sein Name ist Kampusch. Wenn man dem alleine begegnet, wächst einem eine Gänselhaut wie einer Gans.

Der Nikolaus hat immer ein riesiges Buch mit, in dem all unsere Verfehlungen drinnen stehen. Ein Wahnsinn, was der immer alles weiß. Daher bin ich gegen den Überwachungsstaat. Wenn man ihm aber ein paar Zeilen von einem Gedicht aufsagt, ist er ganz gerührt und leert seinen Sack aus. Sogar der Wolfsmensch gibt dann eine Ruhe wie der Herodes nach dem Tag der unschuldigen Kinder.

Nachdem der Nikolaus da gewesen ist, stellt der Papa die Grippe im Wohnzimmer auf. Vorher darf man das nicht machen, sagt er, weil sonst der Nikolaus eifersüchtig wird und den Kampusch auf uns hetzt. Viele Grippen sind fad, aber die unsere nicht, weil wir haben mordsgeile Figuren. Ich habe einmal den Josef und das Christkindl auf den Ofen gestellt, damit sie es schön warm haben. Das Christkindl ist schwarz geworden und den Josef hat es in lauter Trümmer zerrissen wie einen Selbstmordattentäter. Kein Wunder, er hat ja vorher schon so einen Bart gehabt wie ein Bin Laden. Meine Mama hat geschimpft und gesagt, dass nicht einmal die Heiligen vor meiner Blödheit sicher sind.

Wenn Maria ohne Mann und ohne Kind herumsteht, schaut es beschissen aus. Wobei ich mich sowieso wundere, wie eine Frau gleich nach der Geburt herumstehen kann. Wenn ich da an Mama denke, die ist nach der Geburt meiner kleinen Schwester eine Woche lang im Bett gelegen und hat gejammert wie ein toter Igel. Dabei ist meine kleine Schwester mit einem Kaiserschmarren auf die Welt gekommen. Und jetzt sagt sie, in den Weihnachtsferien lasse ich mich verwenden, meint aber verwöhnen.

Aber ich habe Gott sei Dank viele Figuren in meiner Spielkiste und der Josef ist jetzt durch den Homer Simpson ersetzt. Als Christkindl wollte ich Asterix nehmen, weil der ist als einziger so klein, dass er in den Futtertrog passt. Da hat meine Mama gesagt, man kann doch als Christkindl keinen Asterix hernehmen, da ist ja das verbrannte Christkindl noch gescheiter. Es ist zwar schwarz wie ein Rauchfangkehrer, aber immerhin ein Christkindl. Der Papa hat ihm ein paar Alka-Seltzer dazugelegt, weil er gemeint hat, dass das die einzige Erlösung nach der vielen Feiertagsfressereien sein wird.

Hinter dem Alka-Seltzer-Asterix-Christkindl stehen zwei Ochsen, ein Esel, ein Nilpferd mit offenem Maul und ein Brontosaurier. Das Nilpferd und den Saurier habe ich dazu gestellt, weil der Ochs und der Esel waren mir allein zu langweilig. Der Brontosaurier kommt aus Italien, weil da sagen sie beim Telefonieren auch immer alle Bronto, Bronto. Außerdem gibt es einen Ferrero-Rocher-Engel, wobei ich sagen muss, dass die Schokoladekugel in seinem Bauch längst aufgefressen ist. So fliegt er sichs leichter. Sein Kopf besteht aus einer Styroporkugel und als Haare hat er die weiße Daunenfeder aus einem Kopfpolster. Er hat ein ziemlich vertrotteltes Gesicht, wie es sich für einen Engel gehört.

Auf dem Dach der Grippe steht ein Abfangjäger. Links neben dem Stall kommen gerade die Heiligen Drei Könige daher. Ein König ist dem Papa im letzten Adpfent beim Putzen heruntergefallen und er war total hin. Ich glaube, dass ist meinem Vater absichtlich passiert, weil er an die Gewerkschaft, an Rapid Wien und an Alka-Seltzer glaubt, nicht aber an die Heiligen Drei Könige, die nach seiner Meinung, was seine eigene ist, in Österreich nichts mehr verloren haben. Aber der Papa kann sich das leisten, weil er ist unser Brötchengeber, auch Brotherr, Big Brother oder Brototyp genannt. Wir sind seine Brotagonisten, die nicht brotestieren dürfen. Sonst gibt es Brotuberanzen. So steht es im Brotokoll.

Jedenfalls haben wir jetzt nur mehr zwei Heilige Drei Könige und einen heiligen Batman als Ersatz. Normal haben die Heiligen Drei Könige einen Haufen Zeugs für das Christkindl dabei, nämlich Gold, Weihrauch und Püree. Vielleicht auch noch ein paar Lottoscheine. Von den unseren hat einer anstatt Gold ein Kaugummipapierl dabei, das glänzt auch. Der andere hat eine Marlboro in der Hand, weil die raucht auch. Der heilige Batman hat eine Pistole dabei. Das ist zwar kein Geschenk für ein Christkindl, aber damit kann er es vor dem italienischen Saurier beschützen. Der ist zwar ziemlich klein und grün wie frischer Rotz aus der Nase, aber bei einem Saurier weiß man nie.

Hinter den drei Heiligen sind ein paar rothäutige Indianer, zwei Raubritter, ein paar Schlittenhunde und ein kasiger Engel. Dem Engel ist ein Fuß abgebrochen, darum haben wir ihn auf ein Motorrad gesetzt, damit er sich leichter tut. Mit dem Motorrad kann er fahren, wenn er nicht gerade fliegt. Rechts neben dem Stall haben wir ein Rotkäppchen hingestellt. Sie hat eine Pizza und drei Weißbier für die Oma dabei. Einen Wolf haben wir nicht, darum glurrt hinter dem Baum ein Ferrari als Ersatz-Wolf hervor. Dann gibt es noch einen Gepard, einen Leopard und ein Geodreieck, weil ein Kruzifix passt ja auch nicht, da wüsste das Jesukindlein gleich von seinem unrühmlichen Ende und würde sich vielleicht alles noch einmal überlegen – oder sich gleich von dem Herodes den Seinigen erschlagen lassen, weil das käme dann ja wohl auf dasselbe raus.

Mehr steht in unserer Grippe nicht, aber das reicht. Am Abend schalten wir die LED-Lampen an, die unser Papa beim Pennymarkt im Sonderangebot gekauft hat, und dann ist unsere Grippe erst so richtig schön. Wir sitzen so herum, essen Lebkuchen und singen Lieder vom Adpfent. Manche gefallen mir, aber die meisten sind mir zu fad. Es wird scho glei dumper, es wird scho glei Nacht. Heihei. Heihei. Ich gehe in meine Taverne und trinke ein Bier, am Himmel da leuchten die Sterne und ich bin stier. Am besten gefällt mir das Lied vom grunzenden Weihnachtsbaum: Du grunzt nicht nur zur Sommerszeit, nein auch im Winter, wenn es scheint. Grunz. Grunz. O Tonnenbaum, o Tannenbaum, wie grunzen deine Blätter.

Mein Opa hat mir ein Gedicht vom Adpfent gelernt und es geht so:

„Adpfent, Adpfent,
der Obstler brennt.
Erst saufst oan,
dann zwoa, drei, vier,
z'erscht wird da schlecht,
daun speibst ois wia."

Der Papa sagt immer, dass er im Adpfent gar keinen Schnaps braucht, um sich anzuspeiben. Die Weihnachtsbeleuchtung der Nachbarn reicht ihm schon vollkommen. Da gibt es nicht nur hell beleuchtete Bäume und Sträucher, sondern auch riesige Rentiere und Schlitten aus Lichterketten. Hallelulia. Wir haben keinen beleuchteten Baum am Balkon, dafür haben wir eine Lichterkette um den Mistkübel, weil Weihnachten das Fest der Erneuerung ist. Außerdem bekommt der Rapid-Gartenzwerg immer eine Kerze auf die Zipfelmütze. Ich wollte auch dem Hulk, unserem Hund, eine Lichterkette auf den Rücken binden, damit der auch etwas vom Weihnachtsfest hat, aber meine Mutter hat gesagt, das ist Tierquälerei. Ich soll dem Hulk lieber beim Fressnapf ein Festtagsmenü kaufen. Da gibt es Rindsbraten mit Zimt und Leber mit Nelken und so weiter. Der Opa hat das schon ein paar Mal gegessen und gemeint, das ist nicht schlechter wie sonst ein Dosenessen.

Die meiste Zeit unseres Lebens verbringen wir im Einkaufszentrum – also auch den Adpfent. Da gibt es eine kleine Eislauffläche und einen großen Christbaum. Davor steht eine Punschhütte für die Erwachsenen und beim Meggi gibt es ein Weihnachtsmenü.

So vergehen die Tage, die immer kürzer werden, bis zum Heiligen Abend. Aber der Adpfent dauert bei uns bis zum sechsten Januar, weil die Heiligen Drei Könige Verspätung haben und nicht früher kommen können. Entweder stecken sie im Weihnachtsstau oder ihre eigenen astrologischen Berechnungen sind ein Schmarren. Jedenfalls ist es jedes Jahr dasselbe mit denen. Da kommen vorher noch der Rauchfangkehrer und der Briefträger. Der Rauchfangkehrer bringt einen Kalender, für den er Geld haben will und der Briefträger bringt Karten mit Weihnachtswünschen von all den Geschäften, bei denen wir Schulden haben.

Der Pfarrer in der Weihnachtsmette sagt, Weihnachten ist immer. Aber ich glaube, das hätte er nur gerne, weil sonst geht ja keiner in die Kirche. Das ganze Jahr lang hocken die Leute lieber vor ihren Fernsehern und sehen sich den Musikantenstadl oder Wetten dass an. Nur zu Weihnachten rennen sie in die Mette, um sich die Urform von Wetten dass und dem Musikantenstadl anzuhören. Damit ein bisschen eine Stimmung aufkommt, zündet jeder eine Kerze an, was der Mama Probleme macht, weil die hat einen Ast in der Brust, weshalb sie nicht gescheit atmen kann. Deshalb heißt sie Ast-Ma.

Weihnachten ist immer, sagt der Pfarrer. Aber ich glaube, er ist auch froh, dass am 24. Dezember im Fernsehen kein Fußballspiel oder Wetten dass läuft, weil dann könnte er sich seine Andacht in die Haare schmieren, die was er gar nicht mehr hat. Ich könnte mir auch einen Musikantenstadl gut vorstellen, weil Stadl ist Stadl. So aber gibt es kein gescheites Programm und die Leute rennen in die Mette so wie sie vorher in die Kaufhäuser rennen. Nur unser Nachbar fährt dann auf die Schlechten Tiefen. Mal heißt nämlich schlecht, dass weiß ich schon vom Rechnen und der Zeichenstunde: Malz ist schlecht für die Zähne, Malaria ist eine schlechte Grippe und Marlboro bedeutet zum

Schlechten geboren, nämlich zum Rauchen. Daher sind die Malediven, auf die unser Nachbar immer fliegt, auch die schlechten Tiefen. Er bekommt zwar keine Geschenke, dafür räumen wir ihm die Wohnung aus. Hallelulia.

Weihnachten ist immer. In der Mitte vom Adpfent befindet sich der Heilige Abend, was gleichbedeutend ist mit dem 24. Dezember. Hier enden alle Adpfentkalender. Dieser Tag beginnt damit, dass mein Papa auf den Friedhof fährt und dort am Grab der toten Oma den Adpfentkranz entsorgt. Ich weiß nicht, ob sich die tote Oma über den alten Autoreifen freut, aber sie kann sich ja nicht wehren, weil sie in der Erde liegt und verfault.

Dann fährt der Papa in den Supermarkt, wo alle Leute so viel einkaufen, als ob ein Krieg käme. Dabei kommen nur zwei Feiertage. Der Krieg muss also eine Zeit voller Feiertage sein. Vielleicht spricht der Opa deshalb immer von der guten alten Zeit. Im Krieg hat man immer Angst, dass zu wenig da sein könnte, weshalb es immer von allem viel zu viel gibt.

Papa fährt dann noch zum Bahnhof, da kommt das Friedenslicht direkt aus der Kastratengemeinde Bethlehem. Damit wir daheim das Friedenslicht das ganze Jahr lang haben, kommt es in die Gastherme, wo es still und heimlich für sich hinbrennt.

Ich und meine kleine Schwester dürfen den ganzen Heiligen Abend, so lange er noch ein Tag ist, vor dem Fernseher knotzen und uns Märchenfilme ansehen. Zu Mittag essen wir Nudelsuppe mit Würstel, weil die Mama meint, dass wir während der Feiertage ohnehin genug fressen. Dann beginnen die Nachbarsbuben, die nicht auf die Schlechten Tiefen geflogen sind, mit ihrem Böllerschießen. Auch das zeigt, dass die Feiertage etwas mit Krieg zu tun haben. Wir würden auch gerne Schweizer Kracher loslassen, aber seit ich welche in die Maisenknödel gesteckt habe, die es daraufhin total zerrissen hat, bekommen wir keine mehr. Es kommt sogar noch schlimmer, wir werden in die Badewanne gesteckt und müssen so lange darin sitzen bleiben, bis der Dreck des ganzen Jahres herunten ist. Unsere Haut ist dann verschrumpelt wie der Körper einer Kastanienfigur.

Während wir gereinigt werden, fährt der Papa zum Bahnhof, holt das Friedenslicht und sucht eine arme Alte, weil er sagt, zu Weihnachten muss man etwas Gutes tun und niemand soll den Heiligen Abend allein verbringen. Natürlich können wir nicht mit allen armen Menschen feiern, aber zumindest einem können wir ein schönes Fest bereiten. Also klappert der Papa die Bahnhofskneipen ab und sucht nach einer einsamen Alten, die nach Möglichkeit nicht zu sehr stinkt. Meist kommt er mit einer zahnlosen Grauhaarigen an, die nur mitgekommen ist, weil ihr der Papa Rotwein und Zigaretten versprochen hat. Damit wird sie dann in die Küche gesetzt, wo sie bis zur Bescherung warten muss.

Am Abend ist es dann soweit. Hallelulia, oder wie meine kleine Schwester sagt, ich bin ganz zitterlich. Weihnachten ist immer, aber jetzt wird es ernst. Mir wird die kratzigste Hose angezogen, meine Schwester muss eine weiße Bluse tragen und sogar Mama und Papa schmeißen sich in ihre schönste Panier. Dann geht es in die Kirche, wo der Pfarrer sagt: Weihnachten ist immer. Hallelulia. Während wir in der Christmette sitzen und die Faulgase aus den tiefsten Untiefen der Gedärme unserer Nachbarn riechen müssen, kommt daheim das Christkindl, zündet den Baum an und legt die Geschenke darunter. Ich habe schon oft gesagt, dass es sehr unhöflich von uns ist, wenn wir immer gerade dann ausrücken, wann wir Besuch bekommen. Wo wir doch eh wissen, wann das Christkindl kommt. Das Christkindl ist natürlich auch unhöflich, aber es hat wahrscheinlich nicht viel Zeit, schließlich kommt es extra aus dem Himmel herunter, um alle zu beschenken. Aber zumindest einen Schnaps könnte es trinken, das schafft sogar der Briefträger. Wenn wir tot sind, kommen wir auch alle in den Himmel. Ich will aber nicht in den Himmel kommen, lieber will ich zu Hause bleiben.

So weit ich weiß, hat das Christkindl keine Flügel, sondern einen Düsenantrieb. Weil wie käme es sonst so geschwind vom Himmel herunter? Der Weg vom Himmel zu uns herunter ist ziemlich weit und schlecht beschildert. Außerdem gibt es wenig Raststationen. Und dann muss das Christkind irgendwie auch noch die ganzen Geschenke transportieren. Wahrscheinlich ist es mit einem Privatjet unterwegs wie ein Millionär.

Um Klarheit zu schaffen habe ich schon ein paar Mal versucht, es zu fangen. Zuerst mit meinen Stoppelgewehr, dann mit Kübeln und Mausefallen, später mit einem Schnitzelklopfer. Nachdem das alles erfolglos war, habe ich das Fensterbrett mit Superkleber eingestrichen. Aber statt dem Christkindl ist nur der Papa daran festgeklebt. Der hat vielleicht geflucht. Der Notarzt musste kommen und ihn herunterschneiden. Der hat gelacht. Dem ist richtig der Rotz aus der Nase geschossen. Schöne Bescherung. Dabei hatte der Papa noch ein Glück, dass er nicht ins Unfallspital musste, um sich die Wunde zu infizieren.

Gesungen haben wir trotzdem. Du grunzt nicht nur zur Sommerzeit, nein auch im Winter, wenn es schneit. Grunz. Grunz. … Auch gestritten haben wir. Ganz wie es sich gehört.

Meistens singen wir zuerst Stille Nacht, Heilige Nacht und dann Leise rieselt der Schnee. Da wir alle miteinander nur die ersten Zeilen können, singt dann immer jeder das, was ihm gerade einfällt, also Hänschen klein, Hoch soll es leben oder Wir lagen vor Madagaskar und hatten die Pest an Bord. Gleich danach geht es ans Auspacken der Geschenke. Die Spielsachen werden natürlich sofort ausprobiert. Meistens gehen sie noch am selben Abend kaputt und der Papa muss schon am ersten Tag nach den Feiertagen alles wieder umtauschen. Die Verkäufer in den Geschäften wissen bereits, dass das Christkindl meist ein Klumpert bringt.

Die Zeit zwischen Weihnachen und Silvester ist die schönste im ganzen Jahr. Die Nachrichten sind voll mit Meldungen von Lawinenopfern, Alkoholleichen und von Pistenraupen überfahrenen Skifahrern. Jeden Tag kommen Verwandte. Verwandte sind jene Menschen, die man bei Beerdigungen oder Hochzeiten trifft. Und enge Verwandte sind solchen, bei denen auch das Christkind etwas für einen abgibt. Dafür werden auch bei uns Geschenke für sie abgegeben. Das Christkindl muss ziemlich durcheinander sein, wenn es so einen Kuddelmuddel mit den Geschenken veranstaltet. Vielleicht bräuchte es eine Sekretärin? Oder das Christkindl ist eine Pfundsn, mit dem niemand arbeiten will? Pfundsn ist das Gegenteil von Pfundskerl. Opa sagt, es kommt von der Funse, dem kleinen Licht, was die ganze Weihnachtsbeleuchtung erklären würde. Jedenfalls bekommen die Verwandten unsere Kriegsvorräte und auch wir fressen so viel, dass Mama sagt, sie fühlt sich wie in einer eingeschweißten Popcornpackung, die jemand in der Sonne liegen gelassen hat und bei der plötzlich die Maiskörner aufgehen. Pop. Popop. Pop. Brrrp. Dabei sind diese kleinen Explosionen nichts anderes als unsere Weihnachtsfurze.

Dabei ist sie selbst schuld. Wer bäckt denn schon im November die ganzen Weihnachtskekse? Da gibt es Lebkuchen, Hausfreund, Rumkugeln, Kokosbusserl, Nussbusserl, Zimtsterne, Raunigel und vor allem Vanillekipferl. In ganz Österreich scheint es einen Wettstreit unter den Hausfrauen zu geben, wer die besten Vanillekipferl bäckt. Ich versteh das nicht, weil mir haben die Vanillekipferl noch nie geschmeckt. Das Erstaunlichste an ihnen ist nämlich, dass sie nach allem Möglichen schmecken, nur nicht nach Vanille. Das ist so wie beim Vanillerostbraten. Den hat mein Papa einmal in einem Wirtshaus bestellt. Und nachdem ihn der Kellner gefragt hat, wie es ihm schmeckt, hat der Papa all seinen Mut zusammengenommen und gesagt, sehr gut, nur nicht nach Vanille. Da hat der Kellner gelacht und gesagt, dass das kein Wunder ist, weil es sich eigentlich um einen Knoblauchrostbraten handelt. Knoblauch ist die Vanille des Volkes. Aber nach Knoblauch schmecken unsere Vanillekipferl auch nicht. Nicht einmal nach Zwiebel. Auch nicht nach Senf. Eigentlich schmecken sie nach gar nichts. Trotzdem erleichtern sie uns das Fasten bis zum Heiligen Abend. Am zweiten Weihnachtstag wird dann diniert. Aber keine Nieren, weil Innereien mögen wir allesamt nicht. Höchstens bei Punschkrapfen. Bei uns gibt es dann immer eine gebratene Gans und die Tage danach ein Gulasch, das immer ein bisschen so schmeckt, als wäre es aus der armen Alten gemacht, die am Heiligen Abend bei Wein und Zigaretten in der Küche gesessen ist. Das dauert mich.

Genau eine Woche nach dem Christkindl kommt der heilige Silvester. Mit ihm geht das Jahr zu Ende und wir brauchen einen neuen Kalender, den wir immer von der Bank geschenkt bekommen. Das alte Jahr wird mit einem Festessen verabschiedet und dann kann es uns gestohlen bleiben. Bei uns gibt es immer Dosenmuscheln, Lachsersatz und Kaviarersatz. Außerdem Sekt, das ist ein Ersatz für Champagner. Durch die ganzen Ersatznahrungsmittel wird ausgedrückt, dass etwas ersetzt wird, nämlich das Jahr. So ist jedes neue Jahr ein Ersatzjahr. Um Mitternacht hören wir uns die Pummerin im Radio an und schenken uns Marzipanschweine, vierblättrigen Klee und Fliegenpilze. Warum Fliegenpilze Glücksbringer sein sollen, habe ich bis heute nicht herausbekommen. Opa hat einmal erzählt, dass das Essen von Fliegenpilzen rauschig macht. In Russland trinkt man sogar das Pipi von Fliegenpilzbesoffenen – zumindest hat Opa das erzählt. Aber der erzählt öfter so grausliche Geschichten.

Am nächsten Tag ist Neujahr. Da schlafen alle bis Mittag, dann gibt es das Neujahrskonzert für Mama und für uns die Pfierschanzentournee. Der Papa sagt immer, es gibt die Kulturbeflissenen und die ins Hirn geschissenen. Wir sind Letzteres, weil wir darauf warten, dass es einen von diesen abgemagerten Skispringern zerreißt. Das ist dann der Morgenstern.

Die Heiligen Drei Könige sind bei uns vier und sammeln für die Mission. Die Mission der Mission ist es, Ungläubige zu bekehren. Darum gibt der Papa den Heiligen Drei Königen nichts, nicht einmal, wenn sie zu fünft anrücken, weil er sagt, dass durch dieses Bekehren nur Kriege und Unruhen kommen. Mama sagt, ein bisschen Bekehrung schadet nicht. Ich habe ihnen schon einmal einen Bartwisch vor die Tür gelegt, damit sie die Ungläubigen bekehren. Aber den haben sie verschmäht. Wahrscheinlich wollen sie ganze Waschanlagen zur Bekehrung der Ungläubigen errichten.

Am nächsten Tag beginnt die Schule wieder und der Adpfent ist zu Ende, bevor wir wissen, was er bedeutet. Opa hat gesagt, Ad ist eine lateinische Vorsilbe und bedeutet „vom". Pfent kommt aus dem Englischen und heißt „ging". Also heißt Adpfent so viel wie Vom Ging, was sich jetzt entweder als chinesische Philosophie Ging und Gang oder als vom Vergehen deuten lässt. Wobei mir Letzteres besser gefällt, weil man erstens nicht weiß, ob die Chinesen an das Christkindl glauben, so lange sie nicht bekehrt sind, außerdem sind sie viel zu viel für das Paradies, und zweitens sowieso alles vergeht, sogar der Adpfent, bei dem man aber ziemlich sicher weiß, dass er bald wieder ausbricht, wenn ihm nichts dazwischenkommt.

Bis es soweit ist, hängt der Papa die arme Alte in den Schuppen, damit nächstes Jahr das Gulaschfleisch gut angehangen ist.

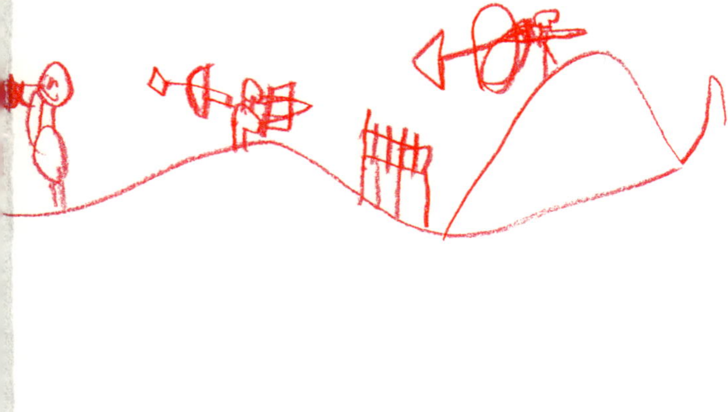

Franzobel,
gezeugt in Christkindl bei Steyr, aufgewachsen in Rovaniemi, erklärter Weihnachtsfetischist, besuchte eine Christbaumschule und wurde zum Wachszieher ausgebildet, schlug sich eine Weile lang als Schokoladenverkoster durch und lebt heute mit seiner Familie auf einer Rentierfarm in Finnland.

Verlag Bibliothek der Provinz
Literatur, Kunst und Musikalien